LES PLATS
QUI ONT FAIT
LA FRANCE

DU MÊME AUTEUR

Guide de la bonne vie La Table Ronde

Guide de la bonne cave I et II La Table Ronde

Argus des vins de France Balland

Mes chers vieux quartiers Balland

Guide de la vie de château (France) Flammarion

Guide de la vie de château (Europe) Flammarion

Guide des vins de France Le Pré aux Clercs

PHILIPPE COUDERC

LES PLATS QUI ONT FAIT LA FRANCE

De l'andouillette au vol-au-vent
Leur histoire de Charlemagne à Mitterrand
Leurs recettes de Carême à Bocuse
Leurs 400 restaurants

ÉDITIONS JULLIARD
20, rue des Grands-Augustins
75006 Paris

À Claude P., qui a permis ce livre

Illustrations Emmanuelle Toesca

SOMMAIRE

PRÉFACE

Philippe Couderc est un personnage inattendu et mal connu. Son jeu favori semble être de surpendre ses amis et ses victimes — les mêmes souvent — aussi bien dans sa vie professionnelle que privée. Être de ses amis n'a rien de reposant : il est entier, violent, jaloux, injuste, mais aussi généreux, passionné, disponible. Compter parmi ses victimes est un honneur : il est féroce et indulgent, intransigeant et honnête, odieux et sensible. Pas commode d'être des siens.

Aussi quand il fait paraître un ouvrage, on doit s'attendre au pire : un pamphlet incendiaire sur le monde qu'il côtoie quotidiennement — il a encore à dire sur la restauration et l'hôtellerie —, une mazarinade virulente, un libelle assassin. Tous les espoirs sont permis et pourtant, rien de tout cela sans pour autant décevoir. Il nous montre simplement la face du Couderc qu'on connaît mal, celle de l'homme de culture, épris d'histoire, de tradition, et respectueux de l'une et de l'autre.

Il nous entraîne à la Table de l'Histoire pour nous faire découvrir tous les grands plats à travers les histoires de leur création et les hommes qui les ont inspirés. Il nous ramène à aujourd'hui chez les cuisiniers contemporains pour revisiter les grandes recettes, simplifiées, réalisables.

Ce livre passionnant rappelle l'essentiel : la cuisine, quelle que soit son origine, est prétexte à communication heureuse et pacifique entre les êtres, à création pour les professionnels et les amateurs ; et, surtout, elle ne serait rien sans le Produit.

Jean-Pierre COFFE

L'ALIGOT

En ambassade du Rouergue à Paris

Où l'on retrouve le haricot (de mouton) avec lequel il ne faut pas le confondre, pas plus d'ailleurs qu'avec l'alicot.

« L'ALIGOT est un mets qui ne laisse personne indifférent : ou on l'aime et alors on ne tarit pas d'éloges sur son goût, sa délicatesse, son onctueuse tenue ; ou on ne l'aime pas et l'on s'indigne de penser qu'on puisse accepter comme un régal cet insipide plat de colle de pâte sans saveur, sans odeur et sans grâce. On a médit de l'aligot : je suis de ceux qui le défendent. On a prétendu que cela ressemblait à un pot de colle de pâte ou à un cataplasme. C'est de la calomnie ! Je puis vous affirmer que, s'il a été bien préparé, bien malaxé, bien réchauffé, loin de peser sur l'estomac, il fond littéralement dans la bouche et devient un mets d'une extrême légèreté... » A lire cette chronique gourmande des années 50 par G. Subervie dans *La Revue du Rouergue*, je sens bien qu'il ne va pas me falloir plaisanter avec l'aligot, ni me tromper. J'entends déjà clamer « A moi, Auvergne ! », car pour beaucoup il est d'Auvergne, ce qui n'est pas faux. Mes ancêtres aidant, je le sais plutôt de Rouergue. Or ce pays de Rouergue — devenu département de l'Aveyron —, pour être coincé entre l'Auvergne et le Languedoc, n'est ni l'un ni l'autre : il est lui. Toujours est-il que l'aligot y est un plat-culte : on le sert même lors des repas de noces, à condition qu'il soit préparé par des hommes. Sa gloire s'appuie sur le fromage de Laguiole (on prononce *laïole)*, ô combien aveyronnais. Ce à quoi les gens d'Aurillac — on est là en Auvergne — en appellent à leur aligot, préparé, lui, avec leur fromage de Cantal. Ils en profitent même pour soutenir que le laguiole n'en est qu'une pâle copie. Par parenthèse, le fromage de Cantal, comme celui de Laguiole, se nomme aussi, par sa forme, fourme ; mais comme pour brouiller les pistes, dans les recettes, on parle parfois de tome, ce qui n'a rien à voir avec les tomes de Savoie, puisque ce mot désigne là le fromage frais, dit imparfait. Je devine les sarcasmes des tenants de l'Auvergne et/ou du Rouergue : je persiste donc pourtant en prenant le risque de parler de l'étymologie d'aligot. Les puristes soutiennent que ce mot du français moderne vient du patois *oligot* ou *oligouot* employé par les *cantalès*. Les cantalès étaient ces valets de ferme préparant les fromages dans la montagne à l'intérieur d'habitats primaires baptisés *burons*. D'autres en appellent au verbe *haricoter*, qui signifia couper en petits morceaux, ce qui nous mène au haricot de mouton qui est d'une tout autre histoire. Il est vrai que cela conviendrait néanmoins puisque le fromage est tranché en fines lamelles : c'est une version rappelée, parmi d'autres, par l'ouvrage *Les Mangeurs de Rouergue* (de Merlin et Beaujour, chez Duculot). Mais faut-il alors se souvenir que ce même *haricoter* a donné aussi *alicot*, qui est un ragoût d'abattis de volailles du côté du Sud-Ouest. Mais ceci est une autre aventure et mon aligot est en train de « filer » au-dessus de mon assiette, sous les poutres parisiennes de l'Ambassade d'Auvergne et du Rouergue, la bien nommée.

RESTAURANTS D'ALIGOT à PARIS (p. 181) et en RÉGIONS (p. 225)

RECETTE

Toujours au plus simple

M. Jo Petrucci, de Montézic en Aveyron, fondateur de l'Ambassade, confiait déjà il y a une dizaine d'années sa recette d'aligot. Rien n'a changé.

Par personne : 100 g de tome fraîche de Laguiole, 200 g de pommes de terre, 1 verre de lait, 1/2 verre de crème fraîche, 50 g de beurre, 1 gousse d'ail, 50 g de lard, sel, poivre.

Préparer une purée très ferme, y ajouter lait, beurre, crème fraîche. Laisser sur feu doux. Couper la tome en fines lamelles, l'incorporer lentement dans la purée en tournant avec une spatule en bois, toujours dans le même sens, écraser l'ail et faire fondre le lard, ajouter cet ail et le fondu du lard sans les lardons, saler, poivrer. Lorsque cela « file », servir seul ou avec des saucisses.

L'ANDOUILLETTE

À hue et à dia

***À la ficelle, au couteau, poêlée, grillée ?* Les puristes s'étripent pour elle. À Paris, au Passage, cas unique en France, elle se décline en variantes multiples.**

LA ruelle est une de celles qui vous feraient croire que le quartier des ébénistes du faubourg Saint-Antoine n'a pas changé : chaussée incertaine, façades imprécises font dans un pittoresque à qui il ne manque que les stridences de scies à bois et les fortes senteurs de vernis et de colles. On vient de repeindre la boutique qui éclaire a giorno son enseigne *Le Passage*. Porte qui râcle en s'ouvrant, poutres redécouvertes depuis peu, faux souvenirs de superbes photos en noir et blanc ; femmes en accueil famille et familier qui vous autopsient pourtant, comptoir bousculé, tables en coude à coude, nappes en papier, ardoises de vins et de plats du jour ; étrangers fascinés mais lucides pourtant, et bastilleurs en jean... Tout y est pour faire mode, en sincérités et en astuces. Soizik de Lorgeril, visiblement femme de caractère affirmé, feint de ne pas croire à ces parisianismes, accueillant tout le monde en même sympathie. Elle glisse en aparté les deux cents et quelques crus de sa carte des vins et les huit andouillettes de son menu. Huit andouillettes, pas moins : l'énoncé ferait un superbe titre à une nouvelle gourmande. Elle suggère un verre de muscat d'Alsace, pointu, mais surtout pas mou : superbe apéritif. En fantaisie d'attente, un ragoût de gésiers et une salade verte à l'huile d'olive.

Arrive bien sûr la litanie attendue mais unique en France des andouillettes dans tous leurs états, selon une variété bien propre à réconcilier les tenants des unes et des autres. Elles sont toutes de *chaudins* (intestins) et de panses de porc puisque c'est la règle : mais certaines y ajoutent de la fraise de veau, ce qui n'est pas interdit. Après une précuisson dans un bouillon travaillé, certaines sont « tirées à la ficelle », ce qui signifie que les chaudins ont été coupés en longues lanières liées ensuite ensemble, puis « tirés » à l'intérieur du boyau qui les enveloppera. D'autres se réclament de la préparation dite « au couteau » : les longues lanières de la méthode précédente ne sont plus liées mais coupées en morceaux au couteau, le tout étant non plus « tiré » mais « poussé » dans son enveloppe. Mais toutes se défendent d'être grasses, ce qui ne manquera pas d'étonner ceux qui se nourrissent d'idées décidément toutes faites. Au Passage, on les sert poêlées avec gratin dauphinois, purée de lentilles ou pois cassés : j'entends d'ici ceux qui les veulent grillées, braisées, rôties ou qui, selon la région, les préfèrent avec des frites, sur de la choucroute, du chou rouge ou même des haricots blancs.

Toutes sont à choisir puisqu'elles ont chacune leur caractère et leur personnalité, qui reflètent ceux de leur fabricant. En initiation, je tiendrais pour celle de M. Soulié (de Chablis) : sèche, nette, fine, très légère, assaisonnée aux herbes. Autre « tirée à la ficelle » mais qui s'annonce curieusement aussi « coupée au couteau », celle de M. Hardouin (de Vouvray) : d'un beau rustique puissant soutenu à l'origine par un peu de vouvray. La favorite de la patronne est signée de Mme Frère (de Formerie) : relevée à la moutarde, conservée en gelée, coupée gros au couteau, elle fait preuve d'une grande saveur et d'une force subtilement nuancée. Du côté des « porc-veau », qui se révèlent plus douces, presque crémeuses, la « lyonnaise » de M. Gast (de Lyon) s'exprime tout en langueur, presque douceâtre, délicate et moelleuse. Enfin, la fricassée à l'ancienne de M. Hardouin, porc et veau, dans une sauce au ris de veau, lardons, crème au vouvray, évoque, avec habileté et grâce, ce que sait donner une recette quasiment médiévale. On me pardonne d'avoir négligé les trois autres (dont celle du très médiatique M. Duval), mais je leur fais confiance et la carte les explique elles aussi : il me fallait bien d'autres nouveaux prétextes pour revenir.

P.-S. : Mais alors, les andouillettes de Troyes, de Cambrai, de Caen, d'Arras, d'Amiens, du Beaujolais et autres lieux ? Elles existent bien sûr, souvent en véritable majesté ! Certaines andouillettes sont siglées A.A.A.A.A., association amicale des amateurs d'authentiques andouillettes : une vraie référence.

RESTAURANTS d'ANDOUILLETTES à PARIS (p. 182)
et en RÉGIONS (p. 226)

RECETTE

A la tourangelle

Pour 6 personnes : 6 andouillettes, 500 g de champignons de Paris, 50 g de beurre, 7 verres d'armagnac, 1 verre de vouvray sec, sel, poivre, — citron.

Faire mariner dans l'armagnac les andouillettes ciselées légèrement. Émincer puis citronner les champignons. Les disposer dans un plat beurré, saler, poivrer, puis y dresser les andouillettes arrosées du vin. Cuire 40 minutes à four moyen en retournant souvent les andouillettes et les arrosant.

(Recette de Charles Barrier, à Tours)

LA BLANQUETTE D'AGNEAU

Enfin retrouvée

Les Rastignac de la nouvelle cuisine ont voulu faire croire qu'ils l'avaient inventée : or Zola en mangeait déjà et il n'était pas le premier.

LORSQUE la saison est aux Goncourt et à leur repas, on se souvient que de tout temps ils ont su se mettre à table, au propre comme au figuré. Et plus encore bien sûr pour ce qui est des Goncourt, les frères évidemment. Edmond, qui notait tout, même fourchette en main, a mis ainsi Zola plusieurs fois à son menu. Il nous dévoile même qu'il ne pensait qu'à la grande bouffe. Un premier repas en compagnie de Tourgueniev et d'Alphonse Daudet lui révélant un Zola dans un état plutôt fin de banquet, il lui demanda : « Seriez-vous par hasard gourmand ? » Et l'autre de gronder : « C'est mon seul vice, et chez moi, lorsqu'il n'y a pas quelque chose de bon à dîner, je suis malheureux. Il n'y a que cela : les autres choses, ça n'existe pas pour moi. »

Plus tard, en octobre 1876, il complète le portrait par quelques lignes de plus après une soirée chez les Carpentier (éditeurs de l'écrivain) : « Ils m'ont montré un Zola que je ne connaissais pas, un Zola gueulard, gourmand, gourmet ; un Zola dépensant tout son argent à des choses de la gueule, courant les marchands de comestibles et les épiciers de renommée, se nourrissant de primeurs. Ils me peignent ce nerveux les doigts si tremblants quand il avait des palourdes à déjeuner chez Prial, qu'il ne pouvait d'abord les manger. Et cette gueulardise est chez lui doublée d'une science de la cuisine qui lui fait dire aussitôt ce qui manque à un plat, ou l'absence d'un certain assaisonnement particulier, ou la quantité de minutes ayant manqué à son mijotement... » Après tout, pour un écrivain naturaliste c'est logique, et Zola vivait les repas qu'il mettait en œuvre pour Nana chez Brébant, les tablées du Coupeau de *L'Assommoir* à moins que *Le Ventre de Paris* ne l'ait touché du côté de l'estomac.

Reste que Goncourt nous laisse sur la faim quant à ses préférences. Il faudra attendre un demi-siècle pour en savoir plus par un chef célébrissime, Escoffier, qui fit aussi en littérature. Dans son *Art culinaire* il se souvient de rencontres, au Savoy de Londres : « Aussi paradoxal que cela puisse paraître, Zola avait un goût prononcé pour les mets provençaux ainsi que pour diverses préparations piémontaises. Il mettait un tel charme et une telle conviction à me conter ses petites faiblesses gourmandes que vraiment l'on aurait cru qu'il était à table en face de quelque savoureux pot-au-feu de mouton additionné d'un chou farci à la mode de Grasse ou de sardines fraîchement pêchées, arrosées d'huile d'olive, grillées à la braise de sarments et recouvertes enfin d'une persillade. Il appréciait aussi particulièrement la blanquette d'agneau de lait à la provençale accompagnée de nouilles au safran... »

La blanquette d'agneau était déjà largement apparue dès le début du XIXe dans les manuels familiers de cuisine, plus précisément dans le Sud-Est et en Languedoc : il est vrai qu'on y trouvait dans les Causses ou en Haute-Provence plus d'agneaux que de veaux. Plus goûteux que le veau, plus tendre aussi, même dans ses bas morceaux, l'agneau se marie parfaitement avec les senteurs des herbes du Sud. En blanquette, il fut si longtemps oublié que les cuisiniers de la dernière génération, reprenant la recette, ont fait croire qu'ils l'avaient inventée : de l'avoir redécouverte leur vaut déjà reconnaissance. Daniel Bouché, fameux cuisinier du Petit Montmorency à Paris, n'a d'autre prétention que d'y avoir ajouté une astuce, celle de se servir des légumes de cuisson pour la liaison de la sauce devenant ainsi d'une langueur superbe.

RESTAURANTS à BLANQUETTE D'AGNEAU à PARIS (p. 183)
et en RÉGIONS (p. 228)

RECETTE

En nuances, en nuances

Pour 6 à 8 personnes : 1 épaule d'agneau de 1, 4 kg coupée en morceaux de 100 g, 2 kg de poitrine d'agneau, 3 langues d'agneau, 500 g de ris d'agneau, 6 pieds d'agneau, 250 g de carottes, 150 g de céleri branche, 1 bulbe de fenouil, 250 g d'oignons, 2 à 3 gousses d'ail, 250 g de blanc de poireaux.

Pour la sauce : 4 fonds d'artichaut, 4 jaunes d'œufs, 200 g de crème épaisse, 1 cuillère de moutarde forte, 150 g de cornichons hachés, sel, poivre.

La veille : cuire les pieds avec les légumes dans un bouillon corsé pendant 2 heures à petits frémissements. La dernière heure, mettre les morceaux d'épaule et de poitrine. La dernière demi-heure, ajouter les ris.

Le jour même : retirer la graisse qui surnage, égoutter les viandes. Récupérer les légumes, les mettre dans un mixer avec les fonds d'artichaut, les jaunes d'œufs, la moutarde et la crème afin d'obtenir une purée. Verser dans une casserole avec la moitié du bouillon de cuisson, et cuire doucement 10 minutes sans faire bouillir. Vérifier l'assaisonnement. Ajouter les cornichons. Réserver cette sauce au tiède. Réchauffer les viandes dans le reste du bouillon, égoutter, dresser, napper avec la sauce.

(Recette de Daniel Bouché, à Paris)

LA BLANQUETTE DE VEAU

Le blanc passe par le roux

Déjà au XVIIIe et au XIXe les premiers grands restaurateurs l'inscrivaient sur leurs cartes.

LA blanquette de veau apparaît institutionnelle dans la cuisine française : on en trouve la recette dans *Les Dons de Comus*, un recueil de François Martin paru en 1739, lui-même faisant référence à un passé déjà bien établi. Elle se place aussi sur les menus des premiers restaurants parisiens tels qu'ils sont décrits dans le premier véritable guide qui leur a été exclusivement consacré. Sous le titre *Guide des dîneurs de Paris 1815*, ouvrage se définissant alors comme « indispensable aux étrangers, nécessaire aux personnes qui ne tiennent pas ménage », Honoré Blanc, l'auteur, y donnait « la demeure des principaux restaurateurs de Paris, les cartes détaillées et les prix de chaque mets, des observations sur la manière dont le service se fait chez les divers restaurateurs et enfin l'indication des cafés les plus renommés ». Il plaçait même la barre assez haut pour ce qui était du choix permettant de mériter l'appellation de restaurant : « 12 potages, 24 hors-d'œuvre ; 15 à 20 entrées de bœuf, 20 entrées de mouton, 30 entrées de volaille et de gibier, 16 à 20 de veau, 12 de pâtisserie, 24 de poisson, 15 de rot, 50 entremets, 50 desserts. » On en est bien loin aujourd'hui ! La blanquette de veau y tenait déjà sa place, entre l'oreille farcie du même et sa côtelette à l'armagnac, pour un prix variant de 18 sous à 1 franc 15 sous. Plat de restaurant sans doute mais plus encore plat de ménage, maintenu et se maintenant, avec ses instants de gloire comme dans *L'Assommoir* pour l'anniversaire de Gervaise : « On avait décidé d'accommoder la veille la blanquette parce que ces plats-là sont meilleurs réchauffés ; seulement, on ne lierait la sauce qu'au moment de se mettre à table. Ah ! tonnerre, quel trou dans la blanquette ! Si l'on ne parlait guère, on mastiquait ferme. Le saladier se creusait, une cuillère plantée dans la sauce épaisse, une bonne sauce tremblant comme une gelée. Là-dedans, on pêchait des morceaux de veau et il y en avait toujours, le saladier voyageait de main en main, les visages se penchaient et cherchaient les champignons. » Réchauffer une blanquette ? Était-ce Zola ou Mme Putois (c'est elle qui en avait parlé pour ce repas de fête) qui n'y connaissait rien ? Car, enfin, il ne saurait en être question pour Gérard Besson, meilleur ouvrier de France, qui en a refait un des plats vedettes de sa très belle maison du côté des anciennes Halles de Paris. Pas plus qu'il ne croit à la nécessité de tendrons dont les petits os cartilagineux apportent ce « croquant » tellement prisé par certains amateurs. On pourrait en discuter longtemps comme de la cuisson à l'eau ou à partir d'un fond de veau, selon la très ancienne méthode chère à l'ancêtre Curnonsky. Besson a fait son choix (voir sa recette) et il convient parfaitement par ses ampleurs maîtrisées et ses manières élégantes à sa salle à manger distinguée et cossue : sa blanquette ne relève heureusement pas de la facilité à laquelle on la réduit trop souvent, celle du plat du jour faussement à la bonne franquette qui ne cache généralement que des bas morceaux traités à la va-vite pour faire soi-disant moins cher. Sa blanquette a la noblesse des plats de fête populaire.

RESTAURANTS à BLANQUETTE DE VEAU à PARIS (p. 183)
et en RÉGIONS (p. 228)

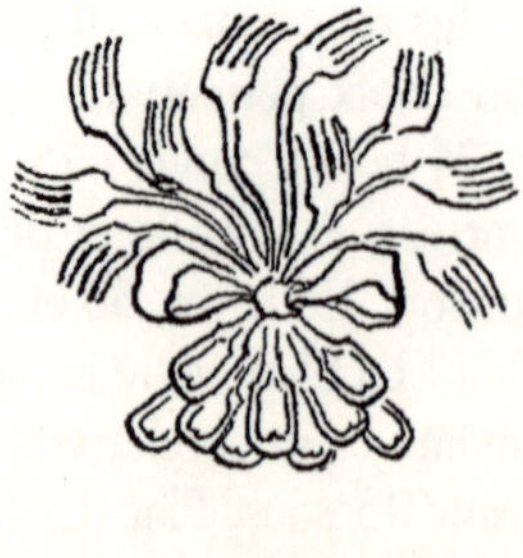

RECETTE

Complexité d'un plat simple

Pour 4 personnes : 600 g d'épaule de veau, 600 g de poitrine de veau (d'une bête à chair blanc rosé et brillante), 200 g de beurre, 80 g de farine, 2 œufs, 2 cuillerées de porto, 1 cuillerée à soupe de crème épaisse, 1 carotte, 1 oignon, 1/2 céleri branche, 1 clou de girofle, 1 brindille de thym, 4 branches de persil simple, 1 cuillerée à moka de poivre noir écrasé, sel, plus 12 petits oignons, 200 g de champignons de Paris, 200 g de riz Caroline, 1 quartier de citron.

Couper la viande en morceaux de 50 g environ, les mettre à cuire dans 2 litres et demi d'eau froide jusqu'à ébullition. Écumer et ajouter la carotte et l'oignon, le poivre et les aromates. Continuer à feu doux 30-35 minutes. Rectifier l'assaisonnement. Pendant la cuisson, préparation de la sauce à part. Dans une casserole à fond épais, faire un roux blanc avec 100 g de beurre, 80 g de farine, cuire 5 minutes et refroidir. Le mouiller ensuite avec 1 litre du fond de la cuisson de la viande qui aura été prélevé en fin de sa cuisson*. Porter à ébullition et cuire 10 minutes. Passer au chinois. Mettre la viande dans cette sauce et la laisser mijoter 10 minutes pour qu'elle s'engorge. Réserver ensuite au bain-marie. Dans une casserole, cuire les petits oignons avec 50 g de beurre et un filet d'eau jusqu'à réduction complète, puis saler légèrement. Dans une autre casserole, cuire les champignons avec 50 g de beurre, à feu couvert, saler léger et leur faire rendre leur eau de végétation. Réserver cette eau, lui ajouter 2 jaunes d'œufs, le porto, la crème et verser avec la viande, puis ajouter 5 gouttes de citron et enfin les petits oignons et les champignons. Chauffer légèrement mais sans bouillir et servir chaud.

*Dans le reste du fond de cuisson de la viande, on aura cuit le riz au four sur une fondue d'oignon. Il sera servi à part.

(Recette de Gérard Besson, à Paris)

LE BŒUF MIROTON

Ou l'art d'utiliser les restes

Il porte le nom d'un maréchal, anglais de surcroît, mais Balzac a prouvé que c'était un plat de concierge : et s'il était bourgeois ?

« MME Cibot, ancienne belle écaillère, avait quitté son poste au Cadran bleu par amour pour Cibot à l'âge de 28 ans, après toutes les aventures qu'une belle écaillère rencontre sans les chercher [...] Elle demeura comme un modèle de Rubens [...] Ses tons de chair pouvaient se comparer aux appétissants glacis des mottes de beurre d'Isigny [...] De ses rapports avec le Cadran bleu, cette portière à l'œil orange et hautain avait gardé quelques connaissances en cuisine. » La terrible Cibot était la concierge du *Cousin Pons*. Elle cuisinait pour un habitant de l'immeuble, le redoutable Schmucke : ce dîner consistait « en un ragoût dont l'odeur se répandait dans toute la cour. C'était des restes de bœuf bouilli achetés chez un rôtisseur tant soit peu regrattier, et fricassés au beurre avec des oignons coupés en tranches minces jusqu'à ce que le beurre fût tout absorbé par la viande et les oignons, de manière que ce mets de portier présentât l'aspect d'une friture. » Balzac ne donne pas le nom de cette recette, mais à l'évidence c'est celle du bœuf miroton, connue depuis la fin du XVIIe. Mais la réputation était faite sur un ton dédaigneux : « Plat de portier, de concierge. » Et alors !

Ces Messieurs les membres de l'Académie des gastronomes ne sont guère moins snobs : à son propos, ils laissent tomber d'assez haut qu'il s'agit d'une sorte de bouillie, d'une origine inconnue et qu'il ne saurait être question d'y mêler Monseigneur le duc de Marlborough (John Churchill) : certes, pendant la guerre de succession d'Espagne, il fut raillé par une chanson dont le refrain « Marlbrough [sic] s'en va-t-en guerre, mironton, mironton, mirontaine... » aurait pu laisser supposer que... Et l'Académie de conclure gravement : « Ce mot ne désigne certes pas un manger de milord », non sans condescendre à constater que « ce plat démocratique [peut] se montrer savoureux si le bœuf est d'une viande fine et tendre ». Aucune référence à Balzac et à la Cibot. Depuis, le plat a fait son chemin hors des loges, jusqu'aux bistrots, non sans passer par les cuisines bourgeoises dans lesquelles l'économie était la règle, jusqu'à utiliser les restes : ceux-ci ont donné aussi le hachis Parmentier, les salades de bœuf, les farces et autres références de grande bouffe généreuse, odorante et haute en gueule.

RESTAURANTS à BŒUF MIROTON à PARIS (p. 184)

RECETTE

Gratiné ou non ?

Pour 4 personnes : 600 g de bœuf cuit (reste de pot-au-feu), 150 g de poitrine fraîche, 2 gros oignons, 2 tomates, 6 cornichons au vinaigre, 1 cuillerée à soupe d'huile, 1 cuillerée à soupe de concentré de tomates, 1 cuillerée à café de farine tamisée, 1 verre de bouillon de pot-au-feu, 1/2 verre de vin blanc sec, sel, poivre.

Couper la poitrine en petits lardons, le bœuf en lamelles régulières, les tomates en petits cubes après épluchage et épépinage et les cornichons en rondelles, éplucher et émincer les oignons. Réserver le tout.
Faire revenir les lardons à la poêle, ajouter les oignons, saupoudrer de farine, mélanger le tout, verser bouillon et vin blanc puis laisser prendre la sauce. Ajouter les tomates, le concentré, les cornichons, saler, poivrer.
Répartir le bœuf dans un plat allant au four, couvrir de la sauce et cuire 45 minutes à four moyen à 160°. (Le *Larousse gastronomique* suggère en plus de gratiner à 260° avec chapelure et beurre fondu : une éventualité fort discutée.)

(Recette extraite du *Bœuf, histoire, symbolique, cuisine*, éditions Sang de la Terre)

LA BOUILLABAISSE

Selon un « parisieng », M. Ferrero

Un plat légendaire devenu symbolique de Marseille et qui continue à faire des vagues dans les marmites.

« POUR le vendredi maigre, un jour une certaine abbesse d'un couvent marseillais créa la bouillabaisse... » Attendu cette intervention quasiment divine, je ne m'étonnerai donc pas que la bouillabaisse relève du domaine réservé de Marseille. Pour le conforter, certains voient dans le mot une étymologie bien phocéenne, venue de la nuit des temps des fourneaux locaux : *bouia-baisso*, qui évoque un liquide qui s'abaisse (et se concentre) en bouillant. Or ne réduit-elle pas à gros bouillons ? CQFD. Encore qu'un historien gourmet comme André Castelot suggère une autre explication : « Attention, ça bouille, baisse ! », aurait crié un marin à un de ses compagnons préparant leur marmite quotidienne en jetant distinctement dans son eau les poissons trop modestes pour être vendus. Faut-il faire aussi référence à Pagnol qui se querellait à son propos, à une chanson sans doute sortie d'une opérette de Scotto et me semble-t-il (pas sûr) interprétée par Sardou (père) ou Andrex, et qui en détaillait la recette... enfin, une des recettes, car on court aux coups, surtout un Parisien, quand on croit avoir trouvé la vraie. Encore que si l'on retient ce qu'écrivait Mme Pampille — fameuse cuisinière du début du siècle (et accessoirement épouse du gourmet Léon Daudet) : « Le véritable secret est que les poissons sortent à peine de l'eau. » Alors, à Marseille, peut-être !

Mais à Paris, pourtant, on la pratique souvent, avec bonheur, n'en déplaise à « ceusses » du Midi. Celle de Jean-Claude Ferrero m'a étonné par son bouillon léger, sans langueur heureusement, sublimé de safran vrai, forte d'ail sans réserve, enivré du clin d'œil d'une large rasade de pastis (j'entends déjà une rumeur de reproche monter du Vieux-Port). Ferrero sait néanmoins de quoi il la fait car — jeune marin jadis — il l'a apprise d'un ancien capitaine cap-hornier recyclé en ses vieux jours sur un bateau des îles du côté de Bandol : d'ici à ce qu'on le traite d'Escartefigue !

Des quarante poissons possibles répertoriés en 1895 dans *La Cuisine provençale*, il se contente de quatre ou cinq, avec des variantes selon la marée de Paris mais au meilleur, il préfère le bar, le saint-pierre, la lotte, la rascasse (pour le folklore) et le chapon, ajoutant homard ou langouste (Pagnol n'en voulait pas : une idée de Parisien, soutenait-il). A les cuire peu bien sûr — une bouillabaisse se prépare en vingt minutes à peine — avec un doigté étonnant qui suffirait à le classer parmi les meilleurs chefs de poissons, il en tire leurs saveurs extrêmes, les soulignant d'une rouille moelleuse enveloppant un pointu parfumé. Alors on imagine soudain, derrière la fontaine en cascade de rochers de son jardin miniature, comme une silhouette ressemblant au château d'If...

RESTAURANTS à BOUILLABAISSE à PARIS (p. 185)
et en RÉGIONS (p. 229)

RECETTE

Pour une bonne « bouille »

Pour 8 personnes : 3 kg des poissons et crustacés cités plus haut, 300 g d'oignons hachés, 1 bouquet garni, 1 branche de fenouil, 5 dl d'huile d'olive, 5 tomates concassées, sel, poivre.

Faire macérer tous ces ingrédients dans une marmite quelques heures avec les poissons à chair ferme et les crustacés. Largement couvrir d'eau et faire cuire à couvert en forte ébullition 8 minutes. Rajouter les poissons à chair tendre et continuer la cuisson pendant le même temps. Dresser les poissons dans un plat creux et verser le bouillon passé dans une soupière garnie de croûtons grillés.

(Recette de Jean-Claude Ferrero, à Paris)

LA BOURRIDE

De Georges Brassens et Pierre Vedel

Définitivement languedocienne, quoi qu'en disent les Marseillais, encore que le miracle de l'aïoli puisse les réconcilier.

POUR se fâcher avec les gens du Languedoc, il suffit de leur dire que la bourride n'est qu'un substitut ou une variante de la bouillabaisse, marseillaise, comme le soutient André Castelot, conteur de l'Histoire à table comme de l'histoire de la table. Ça, c'est une idée de gens du Nord ou de Marseille. Selon les carnets de cet extravagant et étonnant personnage de la chronique gastronomique que fut Henri Clos-Jouve, la bourride est née à Sète et nulle part ailleurs : il consentait à élargir cette origine au Languedoc, mais pas plus loin. Ce n'est pas Pierre Vedel, le plus généreux des cuisiniers de Paris, natif de Sète, qui dira le contraire, puisqu'elle demeure le plat vedette de son délicieux bistrot dont la cuisine, aussi généreuse que lui, est quasiment devenue institutionnelle. Pourrait aussi venir à la rescousse la mémoire de Georges Brassens, un de ses copains de jadis qui en bâfrait chez lui des platées entières.

D'ailleurs, en bon voisinage, les habitants de Narbonne avancent aussi la vertu languedocienne de leur bourride, à base de seiche il est vrai. Qu'on ne s'imagine pas pour autant que la Provence et Marseille abdiquent leur revendication. Ils frappent donc fort en faisant appel à Frédéric Mistral : ils rappellent en douceur qu'une bourride ne se prépare qu'avec de l'aïoli, or, l'aïoli, il n'y a rien de plus provençal, à tel point que ce bon Mistral avait donné le nom de cette mayonnaise alliacée à un journal qu'il dirigea pendant neuf ans. Il en rajoutait même en écrivant : « Cet aïoli est familial, liant, parce qu'il concentre la chaleur, la force, l'allégresse du soleil de Provence. Il ne peut être partagé par les mâles de Provence qui ne se reconnaissent pas pères. » Alors, pas provençale, la bourride qui, sans l'aïoli... Remarquons bien que, aïoli pour aïoli, Albi prétend aussi que..., rappelant que sous l'Ancien Régime les producteurs d'aulx payaient une dîme de trois mille livres à leur archevêque, partie en nature. Or il fallait bien en faire quelque chose, de cet ail : de là à ce que l'aillade locale ait été ensuite copiée par les Provençaux... La cause n'étant pas définitivement entendue, on se sent proche d'un certain juge qui goba l'huître de la fable. Chez Pierre Vedel, la bourride met tout le monde d'accord, onctueuse à donner envie de la tartiner, tout en rondeurs puissantes, au plus vrai de saveurs qui ne s'embarrassent pas de manières.

RESTAURANTS à BOURRIDE à PARIS (p. 186) et en RÉGIONS (p. 230)

RECETTE

Un foie de baudroie surtout

Pour 6 personnes : 1, 5 kg de queues de lotte ou baudroie à couper en tronçons, 1 foie de baudroie, 4 poireaux à couper en lamelles, 4 carottes à couper en dés, 3 verts de blettes à ciseler, 2 oignons à émincer, 6 gousses d'ail, 3 jaunes d'œuf, 2 verres de blanc sec, 30 cl d'huile d'olive, 2 cuillerées à soupe d'huile d'arachide, sel, poivre.

Chauffer l'huile d'olive en grande marmite, y faire suer ensuite les légumes à feu moyen, y ajouter le poisson et laisser réduire son eau. Ajouter le vin blanc, laisser bouillir, passer au feu vif, ajouter l'eau à hauteur du poisson, laisser cuire un quart d'heure. Retirer le poisson à cuisson ferme ; cuire les légumes 10 minutes de plus. Pendant ce temps-là, préparer l'aïoli (voir recette ci-dessous). Ajouter à l'aïoli 2 louches de l'eau de cuisson du poisson, puis verser dans une casserole et laisser épaissir à feu doux. Saler, poivrer et verser sur le poisson et les légumes. Piler le foie avec de l'aïoli et lier à la cuisson. Servir avec des pommes de terre et des croûtons frottés à l'ail.

L'aïoli indispensable !

Pour 6 personnes : 3 œufs pour les jaunes, 6-7 dl d'huile d'olive et les gousses d'ail.
Piler l'ail, y ajouter les jaunes d'œufs et mélanger pendant 9 minutes, ajouter l'huile goutte à goutte, le tout au pilon et les ingrédients à la même température. Lorsque le mélange s'est bien épaissi, on peut insérer ce qu'il reste d'huile rapidement. Certains ajoutent une pomme de terre bouillie ou une tranche de pain de mie pilée.

(Recette de Pierre Vedel, à Paris)

LA BRANDADE DE MORUE

Quand nos présidents s'encanaillent

Barras, Robespierre, Thiers, Doumergue, Boulanger et j'en passe : la brandade populaire est aimée des chefs.

ÇA tombe bien, nous avons eu un président de la République récent et retiré pour prendre leur relais. Cela dit, honni soit qui mal y pense — à propos de morue et plus précisément de branlade de morue. Par parenthèse, on disait, au XVIIIe, la *branlade* de morue ainsi que le confirme un début de quatrain d'un certain J.- B. Germain, poète de l'époque, qui commençait ainsi : « Ce n'est pas le tout, il faut de la branlade. Qui de vous saura retenir le poignet ? » Cela à propos du tour de main qu'il fallait déjà pour tourner ce plat, un plat provençal qui avait trouvé sa consécration à Paris sous le Directoire, chez les fameux Frères Provençaux. Chez eux on avait vu auparavant Barras et Robespierre se nourrissant aux frais du peuple pour 36 sous par tête (ce qui est une image bien tranchée pour la période). Durand, célèbre cuisinier de Nîmes alors contemporain, après avoir codifié la « branlade en pierre à fusil » et la « morue à la branlade », avait tout de même songé à les rebaptiser brandade : sans doute s'était-il souvenu soudain qu'il avait été chef chez des princes d'Église.

J'en reviens à nos présidents de la République et à mon premier propos. En vrac, j'en appelle donc à Thiers et à Doumergue avec un détour par le général Boulanger. Ce comique troupier avait marqué l'histoire de France le 19 juillet 1886, en signant un décret incluant ce plat dans le régime de l'ordinaire de l'armée française. Pour ce qui est de Thiers, on nous rappelle qu'il détournait l'interdit étrange de ses médecins à propos de la brandade grâce à la complicité de l'historien Mignet. Ce dernier avait avec lui un rendez-vous important chaque semaine à la bibliothèque de l'Elysée. Il arrivait au palais avec un paquet de prétendus livres renfermant en fait une boîte de biscuits remplie de cette purée savoureuse qu'ils dégustaient alors en toute tranquillité sous le prétexte d'une commission d'étude (déjà !...). Doumergue l'aima beaucoup mais sans problèmes ménagers. J'en profite néanmoins pour glisser Alphonse Daudet, bouffeur et bâfreur littéraire qui fonda en 1894 le « Dîner de la brandade » au café Voltaire, place de l'Odéon. D'aucuns soutiennent que ce cénacle se perpétue en secret. Comme il faut bien que je m'en sorte dans ce panégyrique culinaire, je tiens à mettre en avant celle du restaurant le Pichet dont François Mitterrand est un fidèle. Une brandade qui doit être célébrée avec les trémolos d'usage tant elle sait se vautrer dans des douceurs populistes du meilleur effet : elle est de celles qui font croire qu'il est aisé de manger riche au plus simple, et vice versa.

RESTAURANTS à BRANDADE DE MORUE à PARIS (p. 187)
et en RÉGIONS (p. 231)

RECETTE

Au Pichet, fournisseur de « Dieu »

En donnant la recette d'un plat-culte, on se fâche toujours avec les tenants du dogme et avec ceux qui font dans la déviation. Tant pis. Au Pichet, voici à quoi on se tient.

Pour 4 personnes : 800 g de morue salée, 500 g de pommes de terre, 4 gousses d'ail, 1 bouquet garni, 4 tranches de pain de mie, 3 dl de crème de fleurette, 100 g de beurre, sel, poivre, 1 poignée de gros sel et 20 dl d'huile d'olive.

Dessaler la morue pendant 3 jours, en changeant l'eau plusieurs fois. La pocher dans une eau frémissante (ne pas bouillir car la morue jaunirait) avec thym et laurier pendant dix minutes environ. Préparer en même temps à part une purée sèche au four sur gros sel. Récupérer la pulpe de la pomme de terre une fois bien cuite. Après avoir émietté la morue, lui incorporer cette pulpe de pomme de terre à la palette de bois, y ajoutant lentement l'huile d'olive qui aura été tiédie et aillée, cela sur une plaque tiède. Lorsque la pâte est bien liée, y travailler lentement les deux tiers de la crème fleurette qui aura été bouillie auparavant. Dresser en assiettes creuses. Poêler au beurre clarifié jusqu'à dorer le pain de mie coupé en triangles. Les dresser autour de l'assiette. Gratiner ensuite légèrement puis ajouter au dernier moment en nappé le reste de la crème fleurette et quelques herbes.

P.-S. : Certains enrichissent la brandade de morceaux de truffes en gros dés en fin de cuisson, après l'huile d'olive, puis décorent de lamelles de truffes avant de servir. C'est on ne peut plus présidentiel et royal.

(Recette du restaurant Le Pichet, à Paris)

LE CANARD À L'ORANGE

Un grand bourgeois

Véritable plat de mémoire, devenu rarissime, il maintient ses exotismes chez Lasserre, un grand restaurant aussi rare que lui.

RENÉ Lasserre, fondateur d'un des plus célèbres restaurants du monde à Paris, est un homme de constance, de fidélité, en même temps qu'il doit se sentir un peu superstitieux. Cela fait plus d'un demi-siècle qu'il a ouvert son restaurant et cela fait presque aussi longtemps qu'il y maintient deux plats fétiches. Au tout premier rang, le mesclagne Mère Irma, un composé mystérieux et délicat de foie gras et de blanc de volaille, à l'origine de la réputation de ce qu'il appelle le « caboulot » bayonnais de sa maman, qui réussissait aussi parfaitement les escargots petits-gris mitonnés au jambon. Je suppose qu'au-delà de cet hommage filial, il doit trouver assez drôle de servir un plat d'origine si discrète sur des tables aussi luxueuses que les siennes. Peut-être d'ailleurs équilibre-t-il cette modestie avec son second plat porte-bonheur, le canard à l'orange, sorti tout droit des cuisines de la grande bourgeoisie du début du siècle mais, tout comme elle, disant bien peu sur ses origines. Certes, le canard a quelque deux ou trois millénaires d'existence et la Chine a apparemment été la première à le domestiquer.

On ne sait trop quel vol long-courrier l'a amené en Europe mais il prit le temps de bien des détours et des escales. La Rome ancienne en fut une qui lui permit de s'inscrire, bien modestement, dans les festins des grandes familles sous forme de filets — une mode naissait —, puis l'Angleterre en commença l'élevage vers le XVe siècle. L'Espagne s'y mit à son tour sans que l'on sache très bien si elle le devait aux marchands hollandais : toujours est-il qu'on prétend que la France le découvrit grâce à Louis XIV, lequel l'avait trouvé en quelque sorte dans la dot de son infante espagnole.

On n'est guère plus avancé pour ce qui est de la préparation à l'orange. Carême semble bien être le premier à avoir songé à une recette de canard en bigarade, ce fruit à moitié sauvage et quasiment disparu ayant été défini par le jardinier de Louis XIV, La Quintinie, comme une espèce d'orange, jaune, verdâtre et amère, cousine proche du citron. L'orange — et un peu de vinaigre pour compenser le pointu — lui a donc succédé aux côtés du canard : les premiers grands restaurants autant que les cuisinières des grandes maisons privées en firent un de leurs plats de bravoure dès le début du XIXe, sans doute au nom d'un certain exotisme encore très privilégié et d'une préparation délicate et fastueuse. Le fameux Beauvilliers en parle vers 1814, un an plus tard le guide d'Honoré Blanc le répertorie justement chez lui à 1 franc 10 sous ; vers la fin du siècle, Monselet, journaliste au *Figaro* et gastronome mondain, le suggère à l'écrivain Arsène Houssaye comme un parfait plat d'été, tandis qu'Alexandre Dumas lui fait un sort honorable dans son *Grand Dictionnaire de cuisine*. L'entre-deux-guerres le voit affiché chez les étoilés Michelin, mais l'époque récente ayant beaucoup abandonné ces pièces de volailles à découper en salle, il ne se perpétue que très rarement, et le plus souvent sous forme de filets. Rareté donc que ce canard à l'orange servi entier : pas étonnant alors qu'il se soit réfugié chez Lasserre, une exception aussi. Ce n'est pas demain d'ailleurs qu'il s'en envolera, même lorsque le célèbre plafond à fresques s'y entrouvre au-dessus des dîneurs vers le ciel.

RESTAURANTS à CANARD À L'ORANGE à PARIS (p. 188)
et en RÉGIONS (p. 232)

RECETTE

Orange et vinaigre

Pour 4 personnes : 2 canards de Challans de 1, 4 kg, 8 oranges, 2 dl de liqueur d'abricot, 100 g de beurre, 2 cuillerées à soupe d'huile d'arachide, 1 cuillerée à soupe de vinaigre, 1 cuillerée à soupe de sucre en poudre, 1 petite louche de jus d'orange, 4 cuillerées à soupe d'eau, 3, 5 dl de fond brun lié, 1/2 dl de Mandarin.

On pèle les oranges à vif sans laisser aucune partie blanche ni de filaments, puis on les coupe en 6 quartiers avant de les réserver. On flambe les canards, vidés et parés, puis on coupe les ailerons, le cou et les pattes avant de brider. Saler et poivrer à cru.
Placer les canards sur une plaque à rôtir. Huiler et beurrer, cuire 40 minutes à four chaud. Arroser très fréquemment. En fin de cuisson, réserver au chaud.
Pour la sauce, dégraisser la plaque de cuisson, y ajouter l'eau, le vinaigre, le sucre. Laisser jusqu'à obtention d'un léger caramel. Ajouter le fond, le jus d'orange. Cuire à très petite ébullition de 10 à 15 minutes. Écumer cette sauce, passer au chinois, assaisonner. Dans une sauteuse, placer les quartiers de 6 oranges, la liqueur d'abricot, le Mandarin. Mouiller avec la sauce précédemment obtenue, chauffer et retirer du feu à la première ébullition.
Pour servir, dresser les canards sur un plat garni avec les tranches des 2 oranges restantes, les napper légèrement de la sauce. Servir le reste de la sauce en saucière.

(Recette du restaurant Lasserre, à Paris)

LE CANARD AU SANG

L'or de la Tour d'argent

Elle existe depuis quatre siècles et lui depuis deux siècles : c'est dire leur très ancienne complicité.

CLAUDE Terrail, propriétaire du célèbre restaurant de la Tour d'argent, est un comédien accompli qui tient tous les jours le rôle de Claude Terrail, hôte parfait, dans ce théâtre-restaurant dont il met en scène chaque repas. A tel point qu'il en parle avec l'accent de Sacha Guitry se complimentant lui-même. Dans ce théâtre sur les toits dont le grand décor est Notre-Dame de Paris, il a même eu l'idée extrême d'en créer un plus petit afin d'y faire représenter plusieurs fois par jour le spectacle du « caneton Tour d'argent » en plusieurs actes et deux services. J'ai eu l'occasion d'assister à la 800 091e représentation, la première ayant été donnée en 1890. Pendant un instant, j'ai abandonné la contemplation sur le panorama de la Seine pour celle d'un maître d'hôtel tranchant, découpant, pressant, cuisant enfin ce canard (de Challans) qui m'était destiné et qui se trouvait être le 800 091e à être préparé depuis 1890.

Cette idée de les numéroter est de Frédéric, maître de la Tour à l'époque, personnage fantasque qui affina aussi la recette, car le canard au sang y était déjà servi un siècle avant par Lecoq, un de ses prédécesseurs. Par parenthèse, Lecoq tenait-il la recette du duc de Chartres, qui aurait dégusté, chez le Père Méchenet, un restaurateur de la rue de la Bourse à Rouen, un canard à la presse très réputé et qui en aurait parlé à Paris ? Toujours est-il que Frédéric a créé ce véritable rite de la découpe et du service en deux épisodes, non sans s'être occupé aussi de définir la manière d'engraisser le canard et de l'étouffer.

Sa dextérité était telle qu'il fascinait les clients, et non les moindres puisque Daudet, dans son *Paris vécu* le raconte : « Il fallait voir Frédéric avec son lorgnon, ses favoris grisonnants, son sérieux imperturbable, découpant son coin-coin dodu, troussé, déjà flambé, le jetant dans la casserole, préparant la sauce, salant, poivrant comme peignait Claude Monet, avec le recul du juge et la précision du mathématicien, et ouvrant d'une main sûre, à l'avance, toutes les perspectives du goût. » Il n'y a rien à ajouter, sinon de ne pas oublier d'emporter le petit carton numéroté en souvenir d'un canard qui tint le devant de la scène sans que ce fût un four.

RESTAURANTS à CANARD AU SANG à PARIS (p. 188)
et en RÉGIONS (p. 233)

RECETTE

Du canard n° 800 091

Pour 4 personnes : 1 très beau canard de 6 semaines tué par suffocation, 50 g de beurre, 1 verre de vieux madère, 1/2 verre de cognac, le jus d'un citron, sel, poivre, et 1 verre de consommé de canard. (Le problème est que ce consommé de canard représente la carcasse et les abattis d 'un autre canard ! Certes, on peut sauver les filets...)

Attention, ce plat se servira en deux services : premièrement les filets ; deuxièmement les cuisses.
Saler, poivrer, badigeonner de beurre le canard, le cuire 20 minutes à four vif (7). Ensuite retirer le foie, le hacher, le mettre dans un plat creux et ajouter le madère, le cognac, le jus de citron.
Découper les cuisses et les braiser à four 6. Pendant le braisage, retirer toute la peau du canard, lever les filets en tranches le plus fines possible et les disposer dans un plat creux sur le hachis. Retenir les cuisses à part.
Découper la carcasse avec des ciseaux, presser les morceaux plusieurs fois et recueillir le jus. Mélanger ce jus avec le consommé de canard, verser sur les filets, saler, poivrer. Cuire les filets 25 minutes, sans cesser de battre la sauce. Les disposer sur l'assiette en nappant de sauce, servir avec des pommes soufflées.
Les cuisses, grillées, seront en deuxième service, avec une salade.

(Recette du restaurant La Tour d'argent, à Paris)

LE CASSOULET

Un bon tour de magie

Fallières le cuisinait à l'Élysée, Gambetta en est mort d'indigestion, Anatole France l'encensait et c'est un magicien qui prépare le meilleur.

« JE vais vous mener dans un petit bouchon de la rue Vavin, chez Clémence, qui ne fait qu'un plat, mais un plat prodigieux : le cassoulet de Castelnaudary [...] Il cuit depuis vingt ans. Le fond reste : et ce fond antique et précieux lui donne la saveur que, dans les tableaux des vieux maîtres vénitiens, on trouve des chairs ambrées des femmes. Venez, je veux vous faire goûter le cassoulet de Clémence. » Anatole France, dans son *Histoire comique*, avait donc craqué pour ce plat épique à propos duquel les amateurs se querellent encore et toujours. Car si les mères Clémence ne courent plus les rues, le cassoulet demeure. Ou plutôt les cassoulets.

Car il en est de trois écoles : celle de Castelnaudary — le plus ancien — où dominent la poitrine de mouton, le saucisson, le jarret et l'échine de porc ; celle de Carcassonne qui ajoute à ces éléments la perdrix braisée et le gigot de mouton ; enfin celle de Toulouse qui a la même base que celle de Castelnaudary, mais y additionne le confit d'oie et/ou de canard, la saucisse de Toulouse et le lard de poitrine. Je me couvrirai cependant en signalant que ces préparations empiètent parfois les unes sur les autres. Deux constantes pourtant, les haricots blancs et une très longue cuisson. Pour la suite Dieu retrouvera les siens, encore que Prosper Montagné, fameux cuisinier de la Belle Epoque, déclarait : « Le cassoulet est le dieu de la cuisine occitane : Dieu le père qui est celui de Castelnaudary, Dieu le fils de Carcassonne et le Saint-Esprit celui de Toulouse. »

Déclaration sereine qui n'empêcha pas, le 5 mars 1972, la Confrérie du Cassoulet de se faire agresser à la sortie de l'église Saint-Michel, à Castelnaudary, par d'étranges prêtres distribuant des tracts « contre ceux qui font le carnaval à la messe et ont le ventre plein et contre l'archiprêtre qui les a bénis ». En politique aussi, le cassoulet a parfois fait des vagues. Le 18 février 1906, Fallières, élu à la présidence de la République depuis un mois, traite à sa table des journalistes à qui il offre « son » cassoulet, le même qu'il leur avait préparé chez lui à Loupillo, dans le Lot-et-Garonne, et qu'il leur avait promis en cas de victoire. Quant à Gambetta, il eut moins de chance, il est mort un 31 décembre (1822) d'une indigestion de cassoulet : l'Histoire ne dit pas s'il était de Castelnaudary ou d'ailleurs.

Pour l'heure, le plus admirable que l'on ait connu depuis des décennies à Paris fut celui de Roger Lamazère, magicien de music-hall jadis, passé au foie gras, aux confits et au cassoulet il y a un quart de siècle. C'est dire que cela mijote depuis aussi longtemps que celui de la mère Clémence.

RESTAURANTS à CASSOULET à PARIS (p. 189) et en RÉGIONS (p. 234)

RECETTE

Très toulousain

Pour 4 personnes : 600 g de haricots lingots secs et de l'année, du Nord ou du Lauragais, 2 cuisses de confit d'oie ou de canard, 6 morceaux de jambonneau de porc, 400 g d'échine de porc, 200 g de graisse d'oie, 4 saucisses de Toulouse, 4 carottes, 1 tomate fraîche, bouquet garni, sel, poivre, oignon, clous de girofle, 1 tête d'ail, couennes.

Laisser les haricots tremper toute une nuit. Les cuire dans l'eau une première fois jusqu'à ébullition. Changer l'eau. Ajouter au sec bouillon, poivre, sel, ail, bouquet, oignon piqué de clous de girofle, carottes, couennes. Lorsque les haricots sont cuits, retirer bouquet, oignon, ail et mettre confit, jambonneau, saucisses, échine, graisse et tomate pelée et épépinée. Laisser cuire à frisson sans bouillir pendant trois heures. Lorsque tout est onctueux et crémeux, placer le tout dans une terrine et la mettre au four. Le gratin se formera naturellement : surtout, pas de chapelure.

(Recette de Roger Lamazère, de Toulouse)

LE CHAUD-FROID

Déjà sous les cendres de Pompéi...

Inventé pour un maréchal faisant des heures supplémentaires à la cour.

LES coulisses de l'histoire de la cuisine ne seraient-elles donc jamais que celles de l'Histoire ? A chaque apparition d'une sauce ou d'un plat, on croise un duc, passe un lieutenant-général des armées, s'allonge une favorite, un écrivain commente, à moins qu'un empereur... encore qu'une cantatrice ait pu, entre deux airs, éventuellement faire l'affaire. Pour son époque, le Moyen Age a de belles références, encore que le Grand Siècle ne soit pas mal placé dans la course, avant que le XIXe ne les mette d'accord par une profusion de créations culinaires dédiées aux puissants du moment.

Pour aujourd'hui, le chaud-froid en rajoute, ratissant large dans le consensus saucier. Il me renvoie au temps des marmites romaines en me faisant souvenir d'un vase exhumé des cendres de Pompéi : il porte les mots *calidus frigidus*, ce qui signifie justement le chaud-froid, en latin de cuisine évidemment. Je me permets d'avoir quelques doutes, mais peut-être est-ce là que les historiens m'attendaient : certains d'entre eux sortent de leurs archives un dénommé Angilon de Chaufrois, qui aurait été le chef chargé des entremets dans les cuisines de Versailles en 1774 et initiateur donc de ce fameux chaud-froid (on écrit aussi *chau-froid)* portant son nom. Rien n'est moins sûr car les adversaires de cette version soutiennent qu'Angilon de Chaufrois n'a même pas existé. Les plus modérés, qui ne le considèrent pas comme un fantôme, affirment néanmoins que la préparation en question existait depuis 1759.

Intervient alors le maréchal de Luxembourg, que l'on rencontre cette même année au début d'un dîner dans son château de Montmorency. Un courrier du roi surgit avec un petit mot de Sa Majesté le convoquant : il saute dans son carrosse, laissant ses invités à table, non sans signaler à son cuisinier qu'en rentrant il aurait une petite faim, mais que du « froid » lui suffirait. Selon l'art d'utiliser les restes, on lui présenta donc à son retour un médianoche improvisé et léger dont le principal était constitué d'une des fricassées de volailles en sauce blanche et d'un des canards en salmis qui avaient été préparés pour ses hôtes, simplement servis figés dans leur sauce et baptisés pour la circonstance un « refroidi ». La chose plut au maréchal, qui en redemanda quelques nuits plus tard, mais l'appellation lui paraissant plutôt morbide, il préféra « chaud-froid ».

Le chaud-froid se pratique encore beaucoup sur les buffets mais sa véritable destination devrait être justement ce pour quoi il est né, en repas de fin de soirée ou d'après-spectacle, puisqu'il peut être facilement mis en place à l'avance. L'élégance de la présentation autant que les suavités moelleuses de la sauce en gelée mettent superbement en valeur les chairs de bonnes volailles, d'autant que le chaud-froid se décline en variations savoureuses.

RESTAURANTS à CHAUD-FROID à PARIS (p. 190)
et en RÉGIONS (p. 235)

RECETTE

En blanc d'ivoire

1 litre de bouillon de volaille dégraissé, 2 étuis de gelée en poudre, 125 g de beurre, 100 g de farine, 4 dl de crème fraîche, 1 petit verre d'eau-de-vie, autant de porto, estragon.

Faire un roux pâle avec le beurre et la farine pendant que le bouillon est porté à ébullition. Le roux refroidi, l'arroser de bouillon bouillant et le tourner fermement sur feu vif. Laisser bouillir 10 minutes, ajouter lentement la crème, les alcools. Terminer par la gelée délayée au minimum d'eau. Cuire 5 minutes. Laisser refroidir. Napper ensuite la volaille découpée qui aura été classiquement cuite au pot. La mettre au réfrigérateur puis procéder à un deuxième nappage. Garnir de feuilles d'estragon et terminer par une légère couche de gelée.

(Recette du restaurant Venantius, à Paris)

LE CHOU FARCI

Un plat des champs en ville

Sans doute la Bible l'ignore-t-elle mais il fait partie de la légende des marmites.

AINSI donc Pythagore recommandait le chou à ses disciples : à quoi ont tenu la découverte du théorème du carré de l'hypoténuse et celle du système décimal ! Plus prosaïques, ses contemporains l'employaient en cataplasmes contre les convulsions, les morsures de taupes et de chiens enragés. A-t-il aussi favorisé la métempsycose si chère à Pythagore, guérissait-il la mélancolie comme le soutenait Caton, et Diogène voyait-il en lui le plat du sage comme on le raconte ? Toujours est-il qu'on ne nous dit pas si le chou en question se mangeait déjà farci ; pas plus d'ailleurs qu'on ne le mentionne à propos de ces choux contemporains d'Henri IV et réputés prévenir, selon l'historien Philippe Erlanger, la calvitie, l'asthme, la rage, la goutte, la paralysie. On est loin de la future réflexion d'Alexandre Dumas qui accusait ce légume « de nourrir fort peu, d'être venteux et de répandre une mauvaise odeur », encore qu'il consente au chou farci d'être « un des excellents mets plébéiens qui font le régal des paysans de presque toutes les régions de France ».

Affaire donc bien franco-française que celle du chou farci, encore que les légumes farcis ont toujours été propres à tout le bassin méditerranéen et que l'Europe centrale n'ait jamais été en retard en la matière. Le farci, la farce sont au fond de toutes nos marmites provinciales, que ce soit pour le chou, les volailles ou les poissons. Il faut dire avec quelle émotion on en parle dans certains livres de recettes, jusque dans ses moindres attendus. Dans *Les Secrets des fermes en Périgord noir* de Zette Guinaudeau-Franc, cette description en ouverture d'une recette de chou farci : « Il convient d'avoir un hachoir, un vrai, celui des cuisines d'autrefois, celui du charcutier quand il hachait la viande de porc au lieu de la passer au hachoir électrique qui la met en charpie et en fait sortir le jus, un instrument à la lame large en son dos, tranchante et fine en son fil, toujours bien aiguisée, à la poignée de bois poli, faite à la taille de la main qui doit s'en servir. La planche de bois sera de bois d'orme, épaisse, elle présentera à l'usure un creux en son centre qui lui donne la beauté touchante de l'objet fonctionnel... », mais il y a longtemps que le chou farci est sorti des cuisines de ferme : le grand chef Escoffier, complice de l'hôtelier Ritz au Savoy de Londres à la fin du siècle dernier, puis du Ritz à Paris, l'avait inscrit dans ses recueils... Il est vrai que les plats les plus populaires savent être d'un snobisme !

RESTAURANTS à CHOU FARCI à PARIS (p. 191)
et en RÉGIONS (p. 235)

RECETTE

De la graisse d'oie à tout va

Pour 4 personnes : 2 choux verts, 65 g de pain rassis, 15 cl de lait, 120 g de gorge de porc, 125 g de lard maigre, 200 g de lardons fumés, 4 cuisses de lapin, 2 œufs, 4 grains d'ail hachés, 3 oignons, 2 carottes, 1 branche de céleri (tous coupés en fines tranches), 60 cl d'eau, 1 bouteille de vin blanc sec, 1 cube de bouillon de volaille, 1 cuillerée à soupe de concentré de tomates, sel, poivre et de la graisse d'oie en quantité.

Blanchir deux fois (la deuxième à l'eau salée) les feuilles séparées des choux. Faire gonfler le pain rassis dans le lait. Hacher gorge de porc, lard maigre et pain gonflé avec œufs et grain d'ail, sel, poivre. Désosser les cuisses de lapin, les aplatir, répartir dessus la farce précédente, refermer et les ficeler chacune en paupiette. Les dorer à la graisse d'oie, les entourer des feuilles de chou, saler, poivrer.

Dans une cocotte, faire revenir à la graisse d'oie oignons, carottes, céleri, ail, tomate concentrée, bien mélanger. Ajouter vin et eau, cube de bouillon de volaille. Parallèlement faire revenir à la poêle lardons fumés (toujours à la graisse d'oie) et verser dans la cocotte. Faire dorer à la graisse d'oie les choux farcis sur tous les côtés, puis les ranger dans la cocotte et la couvrir. Cuire une heure et demie à four 6.

(Recette inspirée par Vanel, le grand cuisinier toulousain)

LA CHOUCROUTE

Chez Baumann et les autres

Arrivée de Chine avec les Tatars, mise à la mode par la princesse Palatine, elle accompagna Cook jusqu'aux îles Sandwich.

« AU café, je préfère une bonne soupe à la bière, mais la bière en France ne vaut rien. Alors, une bonne choucroute et des saucissons fumés sont pour moi un régal digne d'un roi » : la princesse Palatine, femme de Monsieur frère du roi, se souvenait pour son petit déjeuner de ses origines bavaroises, et elle le faisait savoir. Se disant elle-même « affriandée de gueule allemande », elle avait même réussi à mettre un temps la Cour à la mode de cette cuisine. Peu de gens résistaient à ce personnage aussi pittoresque qu'impressionnant avec son corps « plus carré qu'un cube » et son visage « bariolé de petite vérole », ensemble conforté par un caractère impossible doublé d'un redoutable humour provocateur : au jour de ses obsèques, un de ses laquais avait été chargé de remettre en fin de l'office une de ses recettes (de choux comme par hasard) à une vieille ennemie, en gage de réconciliation.

Un demi-siècle plus tard, ce n'est pas au petit déjeuner que le navigateur anglais James Cook suggéra la choucroute mais il l'imposa à bord pour chaque repas, évitant ainsi le scorbut. L'histoire ne précise pas si, lorsqu'il fut vraisemblablement mangé par les indigènes des îles Sandwich (les bien nommées), il fut accommodé par eux sur un lit de choucroute.

La Bavière, la France, les terres lointaines... la choucroute aurait donc été très vagabonde et même beaucoup plus que cela puisqu'on la considère comme originaire de Chine. Au IIIe siècle avant Jésus-Christ, des choux fermentés au vin ou plutôt à l'alcool de riz nourrissaient les coolies travaillant à la construction de la Grande Muraille. Une quinzaine de siècles plus tard, il n'aura pas fallu moins que les invasions tatares et mongoles pour nous l'apporter en Europe centrale. Elle plut sans doute puisque les Allemands mirent alors au point une fermentation au sel, toujours d'actualité ; ils lui donnèrent même son nom de *sauerkraut* (herbe aigre) qui, passé à l'alsacien *sûrkrût*, est devenu *choucroute*.

Mais la choucroute est bel et bien une affaire alsacienne, une véritable affaire de famille même, car c'est à qui, de Colmar ou de Strasbourg, de Saverne ou de Brienne-le-Château, détient l'authentique et unique recette. On en a appelé au célèbre humoriste et dessinateur Hansi qui tenait, lui, pour celle de Colmar, où l'on proscrit le jambon froid pardessus. Les duettistes fameux Erckmann et Chatrian penchent vers celle de Strasbourg. Brienne-le-Château est fier de ses cultures de chou et plus encore d'avoir créé les fêtes de la choucroute. A Saverne, on en appelle aux charcuteries locales et on cite en référence une choucroute comptant parmi les dizaines de plats servis au banquet offert par le cardinal de Rohan à l'occasion du mariage de Louis XV avec Marie Leszczynska. En fait, la choucroute est avant tout support et au-delà d'un ensemble de charcuteries communes, les variantes sont multiples. Même Curnonsky acceptait tout dès lors que les trois saucisses sacramentelles — Francfort, Strasbourg, Montbéliard — étaient présentes. Ainsi les Allemands n'hésitent pas à y ajouter des huîtres frites et, en la matière, Guy-Pierre Baumann n'a jamais été en retard d'imagination. Il est vrai que depuis vingt-cinq ans il règne à sa manière, depuis ses deux restaurants parisiens jusqu'à la fameuse Maison (historique) Kammerzell, à Strasbourg. Paris lui doit d'avoir découvert les choucroutes au poisson, et même au couscous, encore que ses grands succès s'inscrivent selon les recettes les plus classiques.

RESTAURANTS à CHOUCROUTE à PARIS (p. 192)
et en RÉGIONS (p. 236)

RECETTE

Elle se lave au lait

Pour 4 personnes : 1,5 kg de choucroute, 750 g de carré de porc demi-sel, 400 g de lard fumé, 4 paires de saucisses (Francfort ou knakes), 1 palette de porc demi-sel, 1 jambonneau fumé, 100 g de graisse d'oie ou de canard, 3 clous de girofle, 10 baies de genièvre, 2 cuillerées à café de cumin, 10 baies de coriandre, 3 oignons, 4 gousses d'ail, sel, poivre au moulin, 8 pommes de terre en robe des champs tenues au chaud, 3/4 de litre de vin blanc de Riesling.

Laver le chou à l'eau froide, le presser fort, laver une deuxième fois au lait, l'égoutter, presser vigoureusement. Dans une cocotte à fond épais, faire revenir à la graisse les oignons émincés et l'ail écrasé. Hors du feu, y ajouter le chou, le vin blanc, 30 cl d'eau, saler, poivrer généreusement, puis mélanger. Poser dessus les viandes. Rassembler les aromates dans une bourse en mousseline, la déposer dedans. Cuire à feu doux de 1 heure 30 à 2 heures en cocotte couverte. Servir avec les pommes de terre épluchées.

(Recette de Guy-Pierre Baumann, à Strasbourg)

LE CIVET DE LIÈVRE

Né avec la chasse

On le pratique depuis six siècles au moins sans avoir encore décidé s'il doit ou non passer par une marinade.

ELZEAR BLAZE a-t-il jamais existé ? Le récit de chasse qu'il aurait écrit au lendemain de la bataille de Wagram ressemble bel et bien à un canular. Pourtant, un document apparemment sérieux le situe comme capitaine de la Garde impériale ayant participé à la victoire contre les Autrichiens. On l'y présente même comme « devant se révéler plus tard comme un des meilleurs auteurs de toute la littérature cynégétique française ». Il est vrai que si sa chasse de Wagram est authentique, quel beau coup pour un premier carnet de chasse ! C'est Tartarin en extase.

Il y a quelque chose de surréaliste dans cette « battue » : « La plaine était couverte de lièvres ; tous les dix pas il en partait plusieurs devant nous. Nos fusils, nos canons leur faisaient grand peur ; ils couraient, espérant se sauver, mais ils rencontraient plus loin deux cent mille rabatteurs autrichiens qui ne plaisantaient guère. Alors, ils revenaient sur nous ; on les voyait courir par escadrons entre les deux armées. Une charge de cavalerie — qui ne les regardait en aucune façon — les mettait en déroute ; ils perçaient les rangs, passaient entre nos jambes ; on les tuait au coup de sabre, à la baïonnette ; on les prenait vivants. Ce jour-là nous vîmes une grande boucherie d'hommes et de lièvres. Un lièvre tué faisait oublier un camarade mort ; c'était la petite pièce après la tragédie. Que de balles, destinées à l'ennemi, furent tirées sur ces pauvres lièvres ! Jamais on n'en a tant vu, jamais on n'en a tant tué ! Le soir, après la bataille, vainqueurs et vaincus nous soupâmes avec du civet. »

Délire antimilitariste, cynisme de soldatesque, dérision purificatrice, paranoïa de chasseur, désir forcené d'oublier la boucherie : à Wagram comme ailleurs, une vie humaine ne valait donc pas plus qu'une peau de lapin. La chasse à l'homme, devenue chasse au lièvre, avait dû commencer par des chansons pour se terminer prosaïquement d'un côté comme de l'autre devant un civet : c'est peut-être par là qu'il aurait fallu débuter. Encore que la préparation porte à discussion sinon à querelle : on en trouve des recettes depuis le XIVe siècle et du *Ménagier de Paris* à Paul Bocuse en passant par Carême et Urbain Dubois, chacun y a mis son grain de sel. On n'en a pas encore fini d'ailleurs, ne serait-ce qu'à propos de la marinade devant précéder la cuisson qui a ses tenants et ses adversaires. Au Petit Colombier, Bernard Fournier, « aubergiste parisien » qui chasse aux fourneaux dans la catégorie terroir cossu, est pour la marinade qui lui permet de jouer à merveille les sauces en contrepoint du fumet de l'animal.

RESTAURANTS à CIVET DE LIÈVRE à PARIS (p. 193)
et en RÉGIONS (p. 237)

RECETTE

Du grand Bocuse

Exceptionnellement, nous avons tenu à reprendre une recette du grand Paul Bocuse car il est là aussi le maître en la matière. Certes, celle-ci est longue, mais aucun autre cuisinier n'est aussi clair dans ses explications. Sans doute est-elle le reflet de son application en cuisine et de son amour du travail très bien fait. Il serait bien capable de donner du talent à tout le monde !

Pour 4 personnes : 1 jeune lièvre dit « trois-quarts », 50 g de beurre, 2 cuillerées à soupe de farine, 1 litre de bon bourgogne rouge, 250 g de lard de poitrine, 1 bouquet garni, 2 gousses d'ail, 2 gros oignons, 24 petits oignons, 2 carottes, 250 g de champignons blancs, 12 croûtons taillés en cœur et frits au beurre, 1/2 verre de cognac, 4 cuillerées à soupe de crème fraîche épaisse, huile d'olive.

Dépouiller le lièvre, le vider et recueillir le sang accumulé autour des poumons et dans la gorge. Réserver le foie débarrassé du fiel. Couper le lièvre en morceaux, les mettre dans un plat assaisonné de sel fin, poivre frais moulu, 1 prise de fleurs de thym et de laurier broyées ; avec 1 oignon divisé en rondelles, 2 cuillerées à soupe d'huile d'olive et 1 d'armagnac. Bien mélanger et laisser macérer 3 heures en brassant de temps à autre.

Chauffer le beurre dans un plat à sauter épais et assez grand. Quand il chante, y mettre le lard de poitrine coupé en gros lardons, lesquels auront été au préalable mis dans 1/2 litre d'eau froide, ébouillantés 5 minutes, égouttés puis épongés. Les lardons à demi rissolés, ajouter les petits oignons, les faire dorer doucement, puis les champignons bien nettoyés. Assaisonner d'une prise de sel fin, sauter vivement, égoutter le tout à l'écumoire et réserver sur une assiette. Dans le même beurre et lard fondu, faire blondir un oignon et la carotte coupés en quartiers, puis les saupoudrer avec la farine. Mélanger et remuer à feu doux jusqu'à obtention d'une couleur blond foncé.

Mettre les morceaux de lièvre égouttés et épongés et les faire raidir dans ce roux en continuant à remuer sans interruption. Le raidissement des chairs obtenu, parsemer dessus l'ail écrasé, mélanger et mouiller juste à hauteur, avec le vin rouge. Faire bouillir tout en remuant pour que la liaison soit parfaite. Vérifier l'assaisonnement en sel, mettre le bouquet garni, recouvrir et cuire à four très doux pendant 45 minutes.

Poser le civet sur la table protégée avec une planchette. Ranger à côté un autre plat à sauter, puis égoutter avec une écumoire les morceaux de lièvre et les faire glisser dans le plat à sauter à l'aide d'une fourchette. Ce triage achevé, répartir sur le lièvre lardons, petits oignons et champignons ; passer dessus au chinois fin de la sauce, en foulant la garniture : oignons, carottes et bouquet garni. Mettre à bouillir, couvrir ; laisser mijoter à four moyen 45 minutes. Passer le foie au tamis fin au-dessus d'une assiette, le réunir au sang, ajouter le cognac et 4 cuillerées à soupe de crème fraîche, diluer le tout.

Le civet cuit, le retirer du four et le placer hors d'ébullition, sur un coin du fourneau. Verser petit à petit, dans le sang vivement travaillé au fouet, 1 louche de sauce du civet. Le mélange étant progressivement échauffé ne grainera pas par cuisson brutale. Le mettre en totalité dans un chinois fin et promener ce dernier au-dessus du plat à sauter qu'il faut agiter en même temps de la main droite pour unifier l'ensemble. Fouler le contenu du chinois dans lequel il ne doit rien rester. Pendant ce temps le civet ne doit pas bouillir. Puis, pousser doucement au feu, toujours en agitant le plat à sauter, jusqu'à ébullition.

Dresser le civet dans un plat creux, disposer autour des croûtons et parsemer sur le centre 1 pincée de persil frais haché.

(Recette extraite de *La Cuisine du marché* de Paul Bocuse, éditions Flammarion. Le livre-culte de SA cuisine.)

LE COQ AU VIN

Cocorico !

On le dit tout juste bon à vider les fonds de bouteille : or, depuis César, il lui en faut même d'excellentes, comme une de vin jaune.

LES exilés ont parfois de drôles de nostalgies : faute de mieux, ils se racontent leur passé, et très souvent, dit-on, les repas de leurs temps heureux, au pays. Léon Daudet, alors habitant Bruxelles après une bien étrange évasion de la prison de la Santé, n'hésitait ainsi pas à faire venir de Paris du coq au vin de chez la mère Génin. Elle le lui préparait dans la nuit, le mettait dans une daubière soigneusement lutée de pâte, enveloppée dans des couvertures pour que rien ne refroidisse et à l'aube son fils sautait dans le train de Bruxelles afin d'y arriver pour le déjeuner. Fallait-il que ce coq soit exceptionnel et fallait-il que la mère Génin aime Daudet : en effet, un guide des années 30 la décrit comme impérieuse, jetant ses clients dehors s'ils osaient fumer avant la fin du repas, aimant faire espérer longtemps une table dans son bistrot de la rue de la Banque, dont le « décor modeste ne laisse en rien préjuger de l'addition ». Mais le homard à l'américaine, le salmis de gibier et le célèbre poulet au sang valaient ces avanies.

Cette passion pour ce plat ressemble à celle de César qui en découvrit les plaisirs chez les Arvernes. Il est en effet plus ou moins reconnu que c'est en Auvergne que la recette en aurait été inventée, à base d'un vin local très répandu, le chanturgue. On ajoute que le grand Jules aurait à son tour imaginé une recette de coq au vin dans laquelle il glissait aussi des lardons et de l'eau-de-vie : sans doute le faisait-il cuire dans sa cuirasse... Certains verraient plutôt dans cette histoire du coq César rapportée par des auteurs latins une forme d'humour romain. Ils soutiennent que le mot de *gallus* dont ils nous avaient affublés signifiait *coq* en latin, ce coq estimé alors comme un animal ridicule et bête, tout juste bon à être mangé : flatteur, non ? A propos de la bête, Dumas, plus tard, essaya bien de la réhabiliter : « Oiseau le plus glorieux, le plus vigilant et le plus courageux qui existe. » Là, il y allait un peu fort. D'ailleurs Napoléon n'en avait pas voulu sur ses drapeaux, « ne tenant pas à le voir manger par le renard », et il lui préféra l'aigle... qui n'a même pas fini à la sauce au vin.

Toujours est-il que le coq au vin de Chanturgue apparaît très souvent sur les cartes des bons petits restaurants, ce qui ne manque pas d'étonner car le vignoble est devenu des plus réduits. Mais c'est avec du vin jaune que le plat atteint à son meilleur. La préparation a bien sûr été imaginée dans le Jura puisque ce cru en est le privilège. Vin étrange, né d'un seul cépage — le savagnin — dont les grains sont cueillis un à un à maturité extrême, subissant une fermentation de plusieurs années en tonneau, s'oxydant lentement jusqu'à jaunir profondément en madérisant fortement. On le considère comme cousin du xérès.

Il donne des sauces superbement enveloppées, langoureuses presque, qui semblent faire la fête, avec le poulet surtout. Cette richesse, cette ampleur même les rendent rares en ces temps de diététique mais, à Paris, il maintient chez Maître Paul, un délicieux et unique restaurant entièrement voué à la cuisine franc-comtoise, une autre rareté.

RESTAURANTS à COQ AU VIN à PARIS (p. 194) et en RÉGIONS (p. 237)

RECETTE

Sans y laisser de plumes

Pour 4 personnes : 1 coq fermier de 2 kg vidé, 300 g de champignons de Paris*, 120 g d'échalotes, 30 g d'ail, 25 g de beurre, 30 cl de crème fraîche, 1 bouquet garni, 1 cuillerée à soupe de farine, 10 cl de noilly, 1/2 bouteille de vin jaune, 1/2 citron, huile, sel, poivre.

(*On peut employer des morilles.)

Mettre à cuire à l'eau citronnée et salée les champignons épluchés. Couper en 3 morceaux les cuisses puis les ailes du coq, les faire revenir à l'huile dans une poêle. Dans une sauteuse à part, mettre à feu doux beurre, échalotes et ail hachés, bouquet garni, puis immédiatement les morceaux de coq retirés de la poêle, saler, poivrer, ajouter la farine, puis passer quelques secondes au four. Sortir du feu et déglacer au noilly, ajouter le vin, l'eau de cuisson des champignons, puis cuire trois-quarts d'heure à 1 heure. En fin de cuisson, retirer les morceaux de poulet, les réserver au chaud sur un plat. Continuer la cuisson de la sauce 1 heure à feu doux. En fin de cuisson, ôter le bouquet, mettre la crème, porter à ébullition, ajouter les champignons, puis napper les morceaux de poulet et servir.

(Recette du restaurant Maître Paul, à Paris)

LA CÔTE DE VEAU FOYOT

De Louis-Philippe à l'anarchie

***Née pour les salles à manger dorées des* Tuileries*, elle maintient ce goût de la pompe sous les plafonds à fresques du* Train bleu*, à* Paris.**

« POTAGE aux macaronis, filets de lapereau à la purée de marrons, aspic de suprêmes de volaille, côtes de veau, poulet à la reine, dinde truffée... » on a beau dire, Louis-Philippe ne traitait pas aussi mal qu'on le prétend. Certes, c'était un déjeuner dominical mais on est tout de même loin de ces repas dont il fixait soi-disant le prix de revient (3, 6 ou 10 F) à l'avance selon la qualité de ses invités. Or ce jour-là son hôte n'était qu'un jeune interne de l'hôpital de la Charité qui avait soigné un des enfants royaux d'une écorchure : qu'est-ce que cela aurait été s'il s'était agi d'un grand patron de la médecine. Il ne s'en était pas pour autant privé de découper les volailles : c'était à la fois son grand plaisir et excellent pour son image de marque de « roi citoyen ».

Foyot, son chef des cuisines, avait donc beaucoup à faire mais il n'en avait pas moins le temps d'imaginer des plats pour la table du souverain. Les côtes de veau qu'il prépara pour ce menu copieux étaient-elles à la Marengo, ou bien selon une de ses recettes originales qui, plus tard, sous son nom, firent la célébrité de son restaurant ? En effet, la monarchie renversée, Foyot s'installa dans ses murs. Il racheta l'hôtel de Tréville, un meublé au 33 de la rue de Tournon dont la cuisine avait déjà une bonne réputation. Il ne lui manquait même pas une référence historique : Joseph II, frère de Marie-Antoinette, y avait couché incognito. Or comme il s'y étonnait du prix excessif qu'on lui comptait pour des pêches : « Sont-elles si rares à Paris ? », il s'entendit répondre par l'hôtelier : « Non, Sire, mais les empereurs ! » Cuisinier de talent, Foyot avait aussi déjà tout compris des relations publiques : pour faire parler de lui, il n'hésita pas à installer un ours dans une cage devant sa façade annonçant qu'on servait à l'intérieur des côtes d'ours. Il fit plutôt sa renommée sur des plats portant son nom — côtes de veau, pigeon — ou sur ces pommes de terre Ernestine dont la recette a été plus ou moins oubliée. Il sut se faire une réputation, plusieurs même, puisqu'on rapporte que « c'est dans les cabinets de Foyot que les demoiselles de Breda Street viennent étudier le Code civil et la médecine ». Ou comment l'appétit vient aux filles ! En une quinzaine d'années, il fit fortune et se retira dans un château. Du parc, il fit abattre un chêne pour en tirer un cercueil, capitonné à ses mesures. Hélas, lorsqu'il mourut, ayant pris trop d'embonpoint, il ne rentra pas dedans : aujourd'hui, ce sont seulement quelques grosses têtes de chef qui ne rentrent plus dans leurs toques.

L'enseigne se maintint néanmoins jusqu'en 1938, avec autant de réussite et une clientèle d'exception, l'Histoire ne la lâchant pas non plus. Le 5 avril 1894, en pleine belle époque de l'anarchie, une bombe explosait dans la salle à manger occupée entre autres par des sénateurs et des hommes politiques : une douzaine de victimes au bilan et un éborgné, Laurent Tailhade. Écrivain et journaliste, il écrivait quelques jours auparavant à propos de l'anarchie : « Qu'importent les victimes, si le geste est beau ! Qu'importe la mort de vagues humanités si, par elle, s'affirme l'individu ! » Il avait été servi.

Le nom de Foyot n'a donc jamais été fait pour la banalité et on ne va pas s'étonner que l'ultime restaurant à Paris à inscrire sur sa carte la côte de veau Foyot soit un lieu d'exception, le Train bleu de la gare de Lyon. Je ne vais pas raconter les élégances fastueuses et décadentes, les boursouflures d'or et les fresques héroïques à la gloire des provinces de France, ni la pompe quasiment royale de ce monument de la IIIe République puisqu'il a été finalement classé. La cuisine y est tenue par Michel Comby, un ancien de Lucas Carton. Il y pratique finement, entre régionalisme et bourgeoisie, en générosité avec un goût parfois pour le moelleux, bienvenu pour cette côte de veau qui se doit d'être fondante et enveloppée de suavité.

RESTAURANTS à CÔTE DE VEAU FOYOT à PARIS (p. 195)

RECETTE

Une fausse côte sur une vraie côte

Pour chaque personne : 1 côte de veau de 250 g, 1 petite tomate évidée, 90 g de beurre, 30 g de gruyère râpé, 30 g de mie de pain en chapelure, 1 échalote hachée, 1 brin de persil haché, 1/2 dl de vin blanc, – dl de fond de veau, farine, sel, poivre. Mélanger 10 g de mie de pain, le persil, 10 g de beurre et en garnir la tomate, réserver. Composer une pâte avec 20 g de mie de pain, 20 g de beurre, le gruyère râpé et lui donner la forme de la côte de veau, réserver au frais.

Saler et poivrer la côte de veau, la fariner. La mettre dans un plat allant au four, cuire avec 30 g de beurre à feu doux. A mi-cuisson, la retourner et placer dessus la « fausse côte ». Mettre la tomate à côté. Terminer la cuisson en arrosant souvent du jus de cuisson, jusqu'à coloration. Dresser la côte et la tomate égouttées sur le plat de service, réserver.
Jeter l'échalote dans le beurre de cuisson, déglacer avec le vin et le fond de veau, réduire jusqu'à moitié et ajouter 30 g de beurre en remuant légèrement. Lier hors du feu et napper ensuite la côte de veau. Servir avec des tagliatelles légèrement beurrées.

(Recette de Michel Comby, à Paris)

— LES CÔTELETTES À LA CHAMPVALLON —

Tout en séduction

Les doit-on à un des amants de la reine Margot ou à une des maîtresses de Louis XIV ?

Mme de Champvallon dont Mme de Maintenon n'avait fait qu'une bouchée dans le lit de Louis XIV n'aura donc eu, faute d'un tabouret de duchesse de son vivant, qu'un strapontin dans la postérité au travers d'une recette de cuisine portant son nom. Pourtant on a supposé, comme l'a écrit mon confrère Courtine, que l'appellation était d'une origine plus ancienne, quoique tenant elle aussi par une coïncidence extraordinaire d'une autre couche royale, celle de Marguerite de Valois, dite « reine Margot ». On sait qu'elle ne manquait pas d'appétits et elle avait croqué, parmi d'autres, un certain Halay de Champvallon : or il n'est pour rien dans ce plat et il n'aura été qu'un amuse-gueule, comme l'avait conclu en définitive Courtine.

Il faut donc en revenir à la Champvallon, qui aurait eu cette idée de côtelettes de mouton cuites au four entre une couche d'oignons et une couche de pommes de terre : elle cherchait sans doute à contrarier Mme de Maintenon, qui penchait plutôt pour la préparation des côtelettes d'agneau en papillotes, beaucoup plus riches avec leurs accompagnements de champignons et de sauces à base de madère et de truffes. Il faut croire que ces dames faisant dans la galanterie, grand genre sinon Grand Siècle, avaient un côté popote : quelque part elles devaient se souvenir de l'adage populaire d'un matriarcat triomphant qui pensait garder ses « hommes à la maison par l'estomac ». Alors, pourquoi pas un roi : d'ailleurs je ne doute pas qu'avec son monstrueux coup de fourchette Louis XIV était bien capable d'enfourner au dîner, entre un pâté de chapon désossé, musqué, et un poupeton composé de ris de veau, asperges, champignons, artichauts, crêtes de coq et hachis de bœuf, les côtelettes de l'une et de l'autre, ne serait-ce que pour la paix de ses ménages.

Battante comme elle l'était, la Maintenon garda néanmoins là aussi l'avantage. On connaît en effet de surcroît toute une série de préparations qui lui sont attribuées et sur lesquelles je reviendrai. Elle ne se privait pas en la matière d'avoir des avis sur tout, jusqu'à la conservation des confitures ; elle écrivait à son frère : « Il n'en faut pas un quarteron (de sucre) pour une compote, du reste on fonde un plat de pommes et de poires qui passe la semaine en renouvelant quelques vieilles feuilles [...] qui sont dessous. »

Sa rivale s'en tint donc à ses côtelettes d'agneau préparées au plus simple, presque rustique selon un genre qui devait s'inscrire beaucoup plus tard sur les tablettes de ce qui devint la cuisine bourgeoise, tant par ses vertus chaleureuses que par la sage économie qui l'inspirait. Il est étonnant de constater qu'à notre époque les soi-disant bistrots négligent ce plat brave, bourru et bienveillant. A tel point qu'il redevient le privilège épisodique de certaines grandes tables comme celle d'un des plus fascinants palaces de Paris, le Meurice : il est vrai que c'est une maison aux fastes royaux, même sans favorites.

RESTAURANTS à CÔTELETTES À LA CHAMPVALLON à PARIS (p. 195)

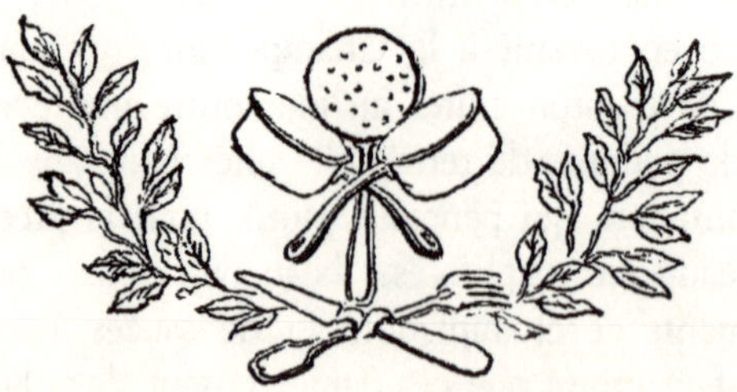

RECETTE

Deux fois au four !

Pour 3 personnes : 6 belles côtelettes de mouton découvertes, 750 g de pommes de terre fermes, 125 g d'oignons, 2 dl de bouillon, 80 g de beurre, 2 gousses d'ail, 1 branche de thym, sel, poivre.

Éplucher les pommes de terre, les couper en rondelles d'épaisseur moyenne. Éplucher et hacher oignons et ail (1 gousse). Saisir à la poêle les côtelettes — recto verso — dans 20 g de beurre, les égoutter et réserver. Dans le même beurre, faire fondre les oignons à couvert et réserver. Beurrer (20 g) et ailler (1 gousse) un plat, en garnir le fond des oignons fondus, puis garnir des côtelettes, saler, poivrer, émietter le thym, couvrir de 1 dl de bouillon, ajouter 20 g de beurre (fondu) et, à couvert, cuire 20 minutes au four à 240. Sortir du four, disposer dessus les pommes de terre, saler, poivrer, couvrir d'1 dl de bouillon, ajouter 20 g de beurre (fondu), puis cuire à nouveau, mais sans couvercle, 20 minutes au four en arrosant régulièrement du jus de cuisson.

(Recette de l'hôtel Meurice, à Paris)

LES CRÊPES SUZETTE

Une aventure flamboyante

Dédiées par un prince de Galles à une certaine Suzette, elles la firent passer de l'anonymat galant à la gloire gastronomique.

MONTE CARLO, 31 janvier 1896, au Café de Paris : un commis de 16 ans n'en peut plus de trac, car on lui a confié la préparation en salle de crêpes pour une table quasiment royale, celle du prince de Galles, futur Édouard VII. Son Altesse l'impressionne : il s'agite autour de sa poêle, s'embrouille et rajoute il ne sait trop pourquoi un peu de cognac qui s'enflamme à la chaleur du réchaud, ce qui n'était pas du tout prévu dans la recette. Paniqué, voyant son avenir s'envoler en fumée, il tente le tout pour le tout et sert, profil bas mais avec un culot monstre, son raté. Plutôt amusé, le Prince goûte, fait durer l'attente puis explose : « Qu'avez-vous fait à ces crêpes ?... » Silence dans la salle. « Elles sont extraordinaires ! » Et le coupable, soulagé, de murmurer avec un superbe aplomb : « C'est une recette de mon invention. Mais je propose à son Altesse de lui donner son nom. — Pas du tout, je n'en suis pas digne ; mais nous donnerons à cette chose merveilleuse celui de cette jeune personne qui est avec moi et se prénomme Suzette. » A l'évidence fournie à Son Altesse par les services à peine secrets du protocole au nom d'une déjà Entente cordiale, elle aurait sans doute préféré un diamant — qu'elle obtint peut-être aussi plus tard dans la soirée —, ignorant qu'ainsi, faute de passer à la postérité de la galanterie, elle s'inscrirait dans celle de la gastronomie.

L'histoire a été racontée par Henri Charpentier, le jeune maladroit, bien plus tard, alors qu'il était devenu un chef célèbre aux États-Unis, après avoir servi chez la reine Victoria, et donc le prince de Galles. Il semblait avoir oublié que la recette originelle était d'Escoffier, son maître alors au Café de Paris. Certains soulignent pourtant qu'il est bien improbable qu'on ait confié à un débutant de son âge la responsabilité d'une table aussi prestigieuse. D'autres soutiennent que l'aventure s'est passée à Paris, au Ritz, en 1898, avec les mêmes personnages. Or donc si l'erreur était bien de lui, il n'était pour rien dans la recette elle-même : témoin vraisemblablement de l'événement, il se l'attribuait. La préparation fit néanmoins très vite le tour de Paris puisque Léon Daudet a raconté en avoir mangé cette même année 1898 au restaurant Maire, avec le commandant Marchand, de retour de Fachoda et le félibre Paul Marieton. Décidément, la crêpe Suzette avait comme un goût de repos du guerrier. Et on se querelle toujours en cuisine pour décider s'il faut les flamber ou non.

RESTAURANTS à CRÊPES SUZETTE à PARIS (p. 195)

RECETTE

Celles de Fernand Point

Immense référence pour les grands cuisiniers d'aujourd'hui, enfin pour ceux qui n'« oublient » pas de s'en souvenir, Fernand Point a tracé en quelques lignes ce que doivent être les crêpes Suzette.

Pour 4 personnes : travailler 500 g de farine tamisée avec 150 g de sucre, 10 œufs entiers et une prise de sel. Délayer cette composition avec 3 dl de crème fraîche, 3/4 de litre de lait, 80 g de beurre fondu, 1/2 dl de cognac, 1/2 dl de sirop d'orgeat, et 100 g de macarons finement écrasés.

Faire les crêpes comme de coutume et les tartiner avec la préparation suivante : 100 g de beurre, 100 g de sucre en poudre, et — dl de cognac (ou de Grand Marnier). Plier les crêpes et saupoudrer de sucre.

(Recette de Fernand Point dans *Ma gastronomie*, éditions Flammarion)

L'ESTOFINADO

Autrement dit stockfish

Comment un poisson pêché dans les mers nordiques est-il devenu un plat-symbole du cœur de la France profonde ?

QUESTION : quel est le président du Conseil (1947) français qui demandait à son valet de chambre de tirer chez lui la chasse d'eau des toilettes toutes les heures (ouvrables) pendant une semaine lorsqu'il voulait se faire cuisiner une fête pour son repas dominical ? Réponse : Paul Ramadier, vireur de Maurice Thorez hors de son gouvernement et inventeur de la « vignette » automobile soi-disant réservée aux « vieux ». Question : quel est le nom de cette préparation mystérieuse ? Réponse : l'*estofinado* dit aussi *estoficado*, tel qu'on le prononce à Decazeville (Aveyron).

Ramadier était en effet maire de Decazeville depuis 1919 : il y avait pris goût à ce plat, un des plus réputés du Rouergue, autrement dit de l'Aveyron. Là-bas, l'*estofi* désigne le stockfish anglais (de l'allemand *stock* — bâton — et *fisch* — poisson) autrement dit un « poisson séché sur des bâtons ». En l'occurrence et à l'origine, de la morue, comme le soulignait le chroniqueur Francis Amunategui qui lui voyait l'étrange destin d'être pêchée en Irlande, séchée, salée et fumée en Grande-Bretagne, puis expédiée en Italie via le Massif Central. Sur le salé et le fumé, il est contré par les Aveyronnais qui soutiennent qu'elle est seulement séchée. Cela dit, on se demande le pourquoi du parcours. Alors, évidemment, les historiens s'empoignent et il me faut bien faire un choix.

On considérera donc que Decazeville, ville industrielle et minière inventée au XIXe est liée à l'apparition de l'estofinado, si j'en crois le remarquable livre *La Cuisine paysanne en Rouergue* de Patricia Auger (éditions du Rouergue). On y importait du minerai de fer d'Espagne pour les hauts fourneaux : il était transporté par des chalands passant par Bordeaux. Ils s'y approvisionnaient, pour nourrir leurs marins, en stockfish qui s'y trouvait en quantité et à très bon marché, utilisé alors comme monnaie d'échange par les armateurs venant des mers nordiques. La navigation jusqu'à Decazeville durant une semaine à peu près, ils l'accrochaient à la traîne de leurs embarcations afin de le réhydrater, le dessaler et le ramollir. Sans doute l'échangeaient-ils à l'arrivée contre cochonnailles et agneaux si banalisés dans ces régions. Les femmes des ouvriers qui ne bénéficiaient pas de l'économie en autarcie des fermiers locaux en firent leur ordinaire en raison même de son prix très bas. Ultime réponse à l'angoissante symbolique de la chasse d'eau de Ramadier : le cher homme n'avait, paraît-il, trouvé rien de mieux pour mettre en condition « l'estofi » envoyé par ses fidèles électeurs. CQFD.

Pour mémoire, je laisse à chacun le loisir de préférer la version pèlerins de Saint-Jacques-de-Compostelle venus du nord de l'Europe et passant par le Rouergue avec de la morue dans leur besace. Ou bien celle de soldats de Villefranche-de-Rouergue enrôlés par Condé pour sa campagne des Flandres et retournant au pays avec du stockfish dans leur musette. Encore que dans *Le Ménagier de Paris* (XIVe) un certain *stofix* soit évoqué. Ceci sans parler de Rabelais et de son *stoficz*. Je réserve, comme on dit en cuisine, les raisons de l'estofinado provençal qui de Saint-Tropez à Nice ne manquent pas de sel elles non plus.

RESTAURANTS à ESTOFINADO à PARIS (p. 196)
et en RÉGIONS (p. 239)

RECETTE

De mélange en mélange

Pour 4 personnes : 1 morue de 2 kg, 500 g de pommes de terre, 1 bouquet de persil, 5 gousses d'ail, 10 œufs, 30 cl d'huile de noix, 300 g de crème fraîche.

Débiter le stockfish en plusieurs morceaux puis le mettre à tremper en eau légèrement courante pendant quatre à six jours.
En fin de trempage, le mettre en marmite, le couvrir d'eau et faire en frémissement 20 minutes. Réserver l'eau de cuisson. L'égoutter, ôter la peau, le désarêter, puis l'effeuiller.
Dans l'eau de cuisson, faire cuire les pommes de terre, puis les écraser à la fourchette. Hacher entre-temps les gousses d'ail et le persil et faire cuire « dur » 5 œufs puis les trancher en rondelles. Battre les 5 œufs restant dans 5 bols différents.
Mélanger à chaud au bain-marie le poisson, l'ail, le persil, les rondelles d'œufs avec 5 cl d'huile de noix. Faire chauffer le reste de l'huile de noix, verser sur le mélange précédent en alternant huile de noix, un œuf battu, huile de noix, un œuf battu, etc.
Assaisonner fortement puis ajouter en final la crème fraîche et servir très chaud.

LE FILET DE BŒUF EN BELLEVUE

À l'horizon d'une favorite

Un plat de la Pompadour pour 22 695 maires républicains.

UNE commémoration en cachant toujours une autre, je m'attends toujours à ce qu'on s'empare du 22 septembre puisque c'est ce jour que la Ière République fut proclamée en 1792. Se réserve-t-on pour l'an 2000, histoire aussi de fêter l'extravagant festin organisé en 1900 à cette date ? Émile Loubet, président de la République de son état, avait invité à Paris les 36 172 maires de France : 22 695 avaient accepté et s'étaient retrouvés dans le jardin des Tuileries sous des tentes géantes couvrant 35 000 m^2. Elles abritaient 7 kilomètres de tables qui allaient se couvrir de 8 kilomètres de nappes sur lesquelles passèrent 25 000 serviettes, 70 000 couverts, 80 000 verres, 15 000 plats, 3 500 salières, et seulement 500 pots de moutarde. Ces chiffres laissent supposer que l'on avait vu large en prévoyant autant de casse que de disparitions au prétexte de souvenirs. Il y eut presque autant de monde du côté du service que de celui des convives : 21 800 maîtres d'hôtels, serveurs, y compris 300 laveurs de vaisselle. Les maîtres d'hôtel circulaient à l'intérieur à bord de voitures automobiles ou à bicyclette. Du côté du protocole ce fut moins compliqué, encore qu'il y eût une querelle de préséance entre le maire doyen d'âge et le maire le plus ancien dans l'exercice de la fonction : il fallut compenser la place du premier à la droite du Président par une Légion d'honneur au second...

On finit par passer à table car le menu mis en place, comme tout le reste, par le traiteur Potel et Chabot, valait la peine : darne de saumon, filet de bœuf en Bellevue, pain de caneton de Rouen, poularde de Bresse rôtie, ballotine de faisan Saint-Hubert, salade Potel, camembert, glaces, fruits. Cela n'avait jamais nécessité que 2 tonnes de saumon, 2 400 kg de filet de bœuf, 150 douzaines de canetons, 2 500 poulardes, 2 430 faisans, et le reste à l'avenant dont 1 200 litres de mayonnaise. Il y eut 50 000 bouteilles de vin (sacrée descente que celle des maires avec 2 bouteilles par tête) tels preignac, saint-julien, haut-sauternes, beaune, morgon, champagne Montebello, et 1 000 litres de liqueurs somme toute raisonnables.

Mais pour être républicain on n'en ignora pas moins qu'un des plats-phares du repas, le filet de bœuf en Bellevue, avait été créé pour Mme de Pompadour à son château de Bellevue. Cette viande délicate servie froide et mise en valeur par un habillage de gelée était sa favorite pour ses soupers tardifs. Une formule à reprendre chez soi pour l'après spectacle à condition de limiter les convives : Alfred Capus avait remarqué : « C'est fâcheux, chaque fois que nous sommes plus de 20 000 à table, il y en a un qui meurt dans l'année. »

RESTAURANTS à FILET DE BŒUF EN BELLEVUE à PARIS (p. 197)

RECETTE

Simplissime, de 4 à 20 000 personnes

1 cœur de filet de bœuf sur la base de 300 g par personne, gelée en sachet, eau, sel et poivre.

Parer le filet, le barder dessus et dessous. Préchauffer le four à 275-300° et y cuire le filet assaisonné légèrement sur la base de 20 minutes par kg. Pendant la cuisson l'arroser souvent de son jus additionné d'un peu d'eau et en rectifier l'assaisonnement. En fin de cuisson, égoutter le filet, le débarder et laisser refroidir.

Il pourra être servi entier dans un plat après avoir été nappé (opération réalisée en le posant sur une grille) de plusieurs couches de gelée liquide parfumée au madère puis laissée à refroidir. Pierre Vedel aime l'enrichir d'une petite tranche de foie gras posée dessus avant le nappage.

Il peut aussi être présenté en tranches qui seront nappées de la même manière. Le tour du plat sera orné de gelée hachée et même de petits légumes.

(Recette de Pierre Vedel, à Paris)

LA GARBURE

Pour quiller la « gahe »

Née en Béarn, cette soupe paysanne s'étendit à tout le Sud-Ouest. A Paris, Alain Dutournier, du célèbre Carré des Feuillants, l'a réinventée en « riche ».

QU'EST-CE que j'apprends ? Edmond Rostand, qui appréciait assez la cuisine et la pâtisserie (on se souvient du Ragueneau de *Cyrano de Bergerac)* pour avoir mis au point — et en vers — sa propre recette de tartelettes amandines, n'était donc pas seulement gourmet mais aussi gourmand : dans sa maison de Cambo-les-Bains il se faisait souvent servir une garbure, la soupe rustique la plus absolue. Son nom même, garbure, vient du béarnais ancien *garbe*, signifiant gerbe, bouquet, qui avait donné dans les campagnes *garburatys*, c'est-à-dire assemblage de légumes — une recette en soi. Soupe verte donc, dans laquelle domine le chou à l'origine, elle devint vite tout un repas car on y ajouta du porc et même l'os du jarret de jambon, le *chatango*, et/ou du confit, le *trebuc* ou *tromblon*, qu'il soit d'oie, de canard ou même de dindon. Le tout en épais et solide, assez en tout cas pour que « la gahe s'y quille bien », autrement dit que la cuillère y tienne debout. De quoi nourrir son homme, et même assouvir sa soif puisque, pour terminer le bouillon, on l'allonge de vin blanc ou rouge afin de faire *goulade*.

Il ne faudrait tout de même pas considérer la garbure comme une brute épaisse. Certes, c'est pour le moins nourrissant, mais les saveurs ont des rondeurs plus subtiles qu'il n'y paraît et le goûteur n'oublie jamais les marjolaine, thym et autres et rajoutent dans l'allégresse champêtre, soudoyant les viandes, assumant le fond du terroir. Elle ne manque pas non plus d'imagination, car en passant du Béarn à la Gascogne, au Pays Basque et alentour, elle s'est trouvé des variantes allant même les chercher très loin puisque Alexandre Dumas, dans son dictionnaire gastronomique, en a répertorié beaucoup, d'une diversité étonnante. A la « hameau de Chantilly », la garbure est au jarret de veau et aux pigeons ; on ajoute du gruyère « à la bordelaise », sa « béarnaise » à lui nécessite du saucisson à l'ail ; elle est carrément sucrée « à la Villeroy » ; pour « la Polignac », il souligne les marrons et le veau ; il en a même trouvé une « toute laitue » : de quoi se faire bien des cheveux sous les toques. Mais Dumas, ingrat ou oubliant que d'Artagnan était tout de même de la région, n'en a même pas inventé une qui soit « à la mousquetaire »...

Pour les Béarnais et les gens du Sud-Ouest vivant à Paris, elle reste une solide nostalgie et ils la trouvent en versions très originales sur les cartes des restaurants d'inspiration de là-bas. Trop éloignés de leurs racines, certains la trouvent parfois un peu trop rustre et leurs estomacs de citadins n'en tiennent pas toujours la distance : alors Alain Dutournier, en gentilhomme de campagne venu à la ville, l'a réinventée plus élégante, plus légère, un rien snob mais toujours aussi riche d'odeurs et de voluptés premières selon un exercice de style très séduisant et plein de gaieté.

RESTAURANTS à GARBURE à PARIS (p. 197) et en RÉGIONS (p. 240)

RECETTE

La garbure dans la garbure

Pour 6 à 8 personnes : 2 cuisses d'oie confites, 400 g de saucisse de Toulouse, 1 crosse de jambon séché, 100 g de couenne de porc, graisse d'oie, 20 feuilles de chou bleu (lui aussi appelé garbure), 250 g de haricots plats tarbais, 6 pommes de terre Belle de Fontenay, 250 g de fèves écossées, 250 g de navets, échalotes, 2 gousses d 'ail, 1 branche de céleri, 2 blancs de poireaux, 1 bouquet garni avec clou de girofle, persil, 20 cl de vin blanc, 2, 5 l de bouillon de volaille, 6 tranches de pain de campagne frotté d'ail.

La veille, mettre à tremper à l'eau froide jambon et haricots. Le jour même, blanchir le jambon, éplucher, laver les légumes, tailler carottes, navets, pommes de terre en petits dés. Ciseler ail et échalotes. Émincer poireaux, céleri et couper le chou (en enlevant les côtes) en lanières, puis les rouler.
Dorer au four saucisses et confit jusqu'au croustillant. Dégraisser et couper en 6-8 morceaux. Dans une marmite, cuire 45 minutes jambon, bouillon, haricots, bouquet. Déglacer le plat de cuisson des viandes avec le vin blanc et verser le jus dans la marmite. Faire suer 5 minutes à la graisse d'oie carottes, navets, poireaux, céleri, puis les ajouter dans la marmite. Laisser 30 minutes en cuisson lente. Blanchir les choux, les rajouter ainsi que les pommes de terre pour une cuisson « au sourire » de 30 minutes. Ajouter les fèves dérobées 5 minutes avant la fin de la cuisson. Assaisonner, retirer le bouquet. Dans une soupière, poser le pain aillé, trancher à 2 cm d'épaisseur la crosse de jambon et disposer sur le pain. Arroser du bouillon et des légumes. Poivrer et éparpiller de persil.

(Recette d'Alain Dutournier, à Paris)

LE GASPACHO

Très œcuménique

Son origine serait arabe, le mot signifiant* pain trempé. *La Bible le cite comme « nourriture buvable ». Quant aux mécréants, ils s'en régalent tous.

ESPAGNE d'été, Andalousie sous le soleil sans pitié, villages blancs de chaux construits comme une toile cubiste, leurs maisons posées en haut de collines comme en puzzles dispersés. Dans une auberge d'un autre temps, on y désaltère encore le voyageur d'un bol de potage froid, pointu de vinaigre, relevé d'ail, croquant de légumes hachés grossièrement : simple comme une nourriture biblique, c'est le gaspacho. Biblique, il l'est, puisque le Livre saint l'évoque, le définissant même comme une « nourriture buvable ».

Auguste Escoffier, vieille référence culinaire de la Belle Epoque, affirmait que le livre des recettes du monastère d'Alcantara volé par Junot était la seule justification valable de la guerre d'Espagne. Selon l'historien Raymond Dumay, il considérait même qu'il y avait là une sorte de récupération puisque les premiers moines de ce monastère avaient été envoyés par l'abbé de Cîteaux depuis le Clos de Vougeot*. On aimerait retrouver ce document, ne serait-ce que pour savoir comment le gaspacho avait été interprété par l'abbé de service, s'inspirant vraisemblablement d'un exemplaire du *Wulsa ila-al-habib*, un des premiers recueils de recettes arabes datant du XIIe siècle et utilisé dans l'Andalousie musulmane. Les muletiers de cette Espagne en avaient fait, eux, leur repas et le préparaient d'une manière très particulière, rapportée par un écrivain chilien d'origine catalane et reprise par le *Larousse gastronomique* : « Ils emportent avec eux en voyage un plat de terre, de l'ail, de l'huile d'olive, des tomates et des concombres ainsi que du pain sec qu'ils émiettent. Sur le bord de la route, ils broient l'ail entre deux pierres avec un peu de sel, puis ajoutent de l'huile. Ils enduisent l'intérieur du plat de ce mélange. Ensuite ils coupent les tomates et les concombres et les disposent dans le plat, en alternant les couches et en intercalant des miettes de pain à chaque fois, recouvrant finalement le tout de miettes et d'huile. Ceci fait, ils prennent un linge mouillé, enveloppent le plat et le laissent au soleil. L'évaporation cuit le contenu et quand le linge est sec, le repas est cuit ». On ne fait pas plus simple. Ces muletiers ignoraient certainement que leur casse-croûte en bord du chemin leur venait de la nuit des temps.

Il apparaîtrait même que ce gaspacho serait arrivé en Espagne avec les envahisseurs venus de Bagdad, puisque le mot de gaspacho dérive de l'arabe et signifie *pain trempé*. Aujourd'hui il est devenu la constante des cartes des restaurants andalous, en variante selon chaque ville qui le signe différemment : avec des raisins à Malaga, des oignons crus à Jerez, de la crème à Cordoue. Notre été n'est pas celui de l'Andalousie, mais un gaspacho au San Valero, rare restaurant espagnol de Paris à ne pas être une boîte à paella, y est une touche d'un exotisme rafraîchissant.

* Ce qui explique ma récupération acrobatique du gaspacho en plat « français ».

RESTAURANTS à GASPACHO à PARIS (p. 198) et en RÉGIONS (p. 240)

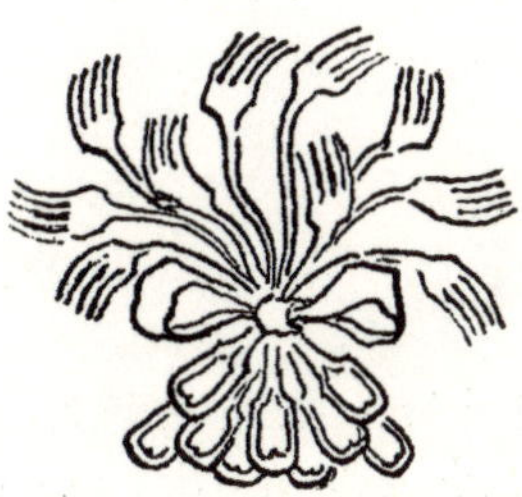

RECETTE

Fraîcheur du frais

Pour 4 personnes : 2 kg de tomates bien mûres, 1 gros poivron vert, 1 petit concombre, 1 oignon, 3 gousses d'ail, 1 cuillerée à soupe de vinaigre, jus d'un citron, 3 cuillerées à soupe d'huile d'olive, fines herbes, sel, poivre.
En accompagnement : 1 petit concombre, 3 tomates et 1 petit poivron vert, tous coupés en dés, 6 tranches de pain de campagne, huile.

Peler, épépiner les tomates et les passer au mixer. Éplucher et retirer les graines du concombre, puis le couper en petits dés. Laver, couper le poivron, ôter ses graines et couper en petits dés. Éplucher l'oignon et le hacher. Éplucher puis écraser les gousses d'ail. Mélanger tous ces éléments avec la purée de tomates dans une jatte* avec le vinaigre, l'huile et le citron. Saler, poivrer. En cas de tomates acides, ajouter une pincée de sucre. Laisser cette soupe 1 heure au réfrigérateur. Pendant ce temps, retirer la croûte des tranches de pain, puis couper la mie en petits dés et les faire dorer à l'huile dans une poêle, les égoutter ensuite. Hacher fin les herbes. Verser la soupe glacée dans une soupière, y ajouter quelques glaçons et la parsemer des herbes.
On accompagnera avec des raviers contenant respectivement les dés de pain, de poivron, de concombre, de tomate.

*L'idéal serait qu'elle soit d'argile car cette terre donne un goût unique au gaspacho.

(Recette *Cuisine et vins de France*)

LE GRATIN DAUPHINOIS

Une histoire gratinée

Depuis des siècles, il est fait de pommes de terre, de crème et de lait : certains contestent mais chez les Rostang, il se maintient.

Au moment des jeux Olympiques d'hiver de 1968 à Grenoble, la municipalité avait mis les petits plats dans les grands lors du festin d'inauguration, en servant cette préparation mythique qu'est la marmite de Lesdiguières. Ce plat-repas a été conçu au XVIe siècle pour les noces du connétable de Lesdiguières, chef des huguenots du Dauphiné. Définitivement gargantuesque, devenu symbolique, il mérite d'être conté et compté : dans une marmite pour 50 personnes, on entasse 20 à 30 tranches de lard, 40 pieds de porc très blancs, 10 paquets de couenne fraîche, 2 grosses têtes de veau blanchies, dressées et ficelées, 15 kg de bœuf dans la culotte finement lardé, 80 grosses carottes, 50 tomates, 12 oignons, 10 bouteilles de vin rouge et 6 de blanc sec, 8 volailles bouillies, 5 kg de champignons, 1 litre de cognac et bien sûr les aulx, laurier, persil, sel, poivre, etc. Cela aurait pu être suffisant pour des convives de 1968 mais, symbolique pour symbolique, on avait ajouté en douce au menu l'autre gloire de la gastronomie locale, un gratin dauphinois, sans même d'ailleurs le mentionner tant il allait d'évidence.

Descendant de l'ancêtre des gratins (le « savoyard »), lui-même né de la pomme de terre arrivée d'Espagne via l'Italie, il remplaça le bouillon de cuisson du premier par le lait et la crème tant le Dauphiné était terre plus riche. Le temps passant, le gratin voyagea et s'enrichit à n'en plus finir jusqu'à ce fameux gratin d'écrevisses de Fernand Point évoqué avec émotion par Bernard Frank dans une chronique il y a quelques années. Mais le « dauphinois » se maintint, et pendant ces mêmes jeux Olympiques il amplifia et assit définitivement la réputation des cuisiniers de la famille Rostang.

Les Rostang, installés hors la ville à quelques kilomètres, étaient à Grenoble ce que Bocuse était à Lyon. Le village avait donné son nom à un fromage du Vercors, et les écrevisses pêchées dans le coin étaient réputées fameuses — écrevisses préparées en gratin par les Rostang, déjà considérés comme les plus authentiques mainteneurs du gratin dauphinois. Le vrai gratin donc, celui dit du « pays des quatre montagnes » (Lans-en-Vercors, Villard-de-Lans, Autrans, Sassenage), qui ne contient ni fromage ni œufs. Ces œufs que des grands chefs comme Point et Bocuse ont rajouté, le second allant même jusqu'à l'hérésie du fromage en complément. Les deux étant de surcroît partisans de la noix muscade en prime, et d'autres vont plus loin encore.

Les Rostang, eux, s'en tenaient à la recette qui était déjà pratiquée par un de leurs ancêtres et qui traita ainsi Napoléon Ier, dans son auberge voisine du Pont-de-Beauvoisin. Michel Rostang, un des fils, monta à Paris pendant que son papa Jo descendait inventer un trois-étoiles à Antibes. Avec succès — une table très connue et deux succursales entre bouchon et bistrot — et une modestie rare chez les jeunes cuisiniers ayant réussi, il perpétue donc les bonnes habitudes familiales et son gratin dauphinois, moelleux, onctueux, reste son porte-bonheur.

RESTAURANTS à GRATIN DAUPHINOIS à PARIS (p. 199)
et en RÉGIONS (p. 241)

RECETTE

Le gratin impérial des Rostang : ni œuf ni fromage

Pour 3 à 8 personnes : 1 kg de pommes de terre blanches et fondantes type « beauvaise », 120 g de beurre, 1/2 litre de crème fraîche, 1/2 litre de lait froid, une gousse d'ail, sel, poivre.

Éplucher puis essuyer les pommes de terre. Les couper en fines rondelles, dites les « taillons ». Frotter à l'ail un plat creux en terre allant au four, le beurrer. Disposer les rondelles en couches en laissant au-dessus assez d'espace pour couvrir avec le lait froid. Saler et poivrer.
Porter à ébullition par feu moyen. A ébullition, ajouter la crème, puis parsemer du beurre restant coupé en petits morceaux. Mettre au four aux alentours de 200 et cuire durant 3 heures à 100 environ. Pendant la cuisson, creuser de temps en temps le gratin afin qu'il soit doré, onctueux et qu'il ne forme aucune croûte.

(Recette recueillie des Rostang par H.- J. Clos Jouve pour *La Cuisine lyonnaise*, éditions Solar)

UN HACHIS PARMENTIER

Pour le Fouquet's

***Un plat tout simple pour un restaurant tout snob, baptisé par deux hommes généreux,* Parmentier *et* Hossein.**

« ON nous servit deux potages, l'un d'une purée de nos racines, l'autre d'un bouillon gras dans lequel le pain de pommes de terre mitonnait assez bien sans s'émietter. Il vint après une matelote suivie d'un plat à la sauce blanche, puis un autre à la maître d'hôtel, et enfin un cinquième au roux. Le second service consistait en cinq autres plats, non moins bons que les premiers, d'abord un pâté, puis une friture, une salade, des beignets et un gâteau économique. Le reste du repas n'était pas fort étendu, mais délicat et bon : un fromage, un pot de confiture et enfin une brioche aussi en pommes de terre. Nous prîmes après cela le café, aussi de pommes de terre. Il y avait deux sortes de pains : celui mêlé de pommes de terre, le second fait de pulpe de pommes de terre avec leur amidon portait le nom de pâte ferme. On servit à la fin un alcool de pomme de terre »... Aucune trace de hachis dans ce repas « tout pommes de terre » servi par Parmentier à Franklin, Lavoisier et d'autre beau monde en 1779 : il avait mis les petits plats dans les grands afin de prouver combien son tubercule chéri (déjà largement connu en Europe avant lui) pouvait aisément remplacer le pain de blé en cas de disette.

Mais on ne saurait penser à tout : aurait-il pu imaginer même que le hachis serait quasiment le seul (avec un potage) à perpétuer son nom dans les cuisines ? La postérité lui a laissé au moins cela, en même temps que trois fleurs de pomme de terre sur le blason de la ville de Neuilly. C'est en effet dans la plaine des Sablons que Louis XVI lui avait fait céder 57 arpents de terre pour cultiver expérimentalement la pomme de terre, qui s'appela un temps la « parmentière » : en fait, il cherchait surtout à intriguer le peuple parisien. Le potager était gardé par des soldats qui avaient ordre d'en laisser voler dès la nuit tombée : le fruit défendu... n'est-ce pas. Et cela a marché. On ne l'en remercia pas d'une pension mais le roi lui dit : « Il y a une monnaie plus digne de votre cœur. Tenez, je vous invite à embrasser la reine. » Allons bon. Réflexion dans la continuité d'une lettre que Voltaire lui avait envoyée plus tôt : « Le vulgaire fait grand cas des brigands illustres qui désolent le monde et on les décore du titre de héros. Croyez-moi, Monsieur, une gloire comme la vôtre est pure et mérite l'ovation de tous ceux qui aiment l'humanité. » Napoléon fut plus large : Légion d'honneur, baron, inspecteur général de la Santé.

Parmentier n'en perdit pas la tête mais il aurait été sans doute très flatté de trouver sur la carte du Fouquet's, un restaurant très snob de Paris, un plat vedette — il porte le nom d'Hossein, sur la base de « son » légume, le plus simple qui soit. Il n'y est rien de plus fondant, de plus parfumé, de plus rassurant. Même s'il n'y est pas pour grand-chose, merci Monsieur Parmentier.

RESTAURANTS de HACHIS PARMENTIER à PARIS (p. 200)
et en RÉGIONS (p. 242)

RECETTE

Casting du hachis Parmentier-Robert Hossein

Pour 8 à 10 personnes : trois vedettes — pot-au-feu, purée, concassée de tomates.
Pot-au-feu : 1 kg de gîte, 1/2 kg de paleron, 750 g de haut de côtes, carcasse de poulet, botte d'oignons, carottes, poireaux, céleri, ail, bouquet, sel, poivre. Cuisson lente en 1 heure 30 démarrée à l'eau froide. Viande émiettée ensuite, en retirant nerfs et graisses.
Purée : 1 kg de bintjes, 300 g de beurre, 300 g de crème, 2 jaunes d'œuf, 150 g de gruyère râpé. Cuisson à l'eau salée, égoutter, sécher en entrée de four, passer au tamis. Verser crème chaude et beurre fondu en tournant doucement.
Concassée de tomates : 6 tomates, 1/2 verre d'huile d'olive, ail écrasé, cuisson des tomates pelées, coupées en deux et épépinées, à la poêle dans huile d'olive et ail jusqu'à lier.

Beurrer un plat creux. Une couche de purée d'un doigt, puis la viande étalée dessus, puis une autre couche de purée de deux doigts. Saupoudrer de gruyère, puis glaçage jaune d'œuf et crème. Cuisson une demi-heure à feu moyen pour gratiner. On tourne.

(Recette du restaurant Le Fouquet's, à Paris)

LE HARICOT DE MOUTON

Avec ou sans mouton ?

Au Moyen Age, c'était « sans » ; plus tard, Alexandre Dumas le soutient, c'était « avec » ou « sans » ; au Vivarois, c'est « avec ».

LE *Ménagier de Paris*, ancêtre des livres de recettes, en version originale, est formel : « Dépecez-le [le mouton] par petites pièces, puis le mettez pour boulir une onde, puis le frisiez en sain de bœuf, et frisez les oignons menus, mincés et cuits dans bouillon de bœuf, et mettez avec persil, sauge, ysope, macis, et faites boillir ensemble. » Aucun haricot au programme ! Pour sa part, le grand Taillevent, autre référence culinaire ancestrale, écrivait, toujours à propos du haricot de mouton : « Tout cru [le mouton] et le metès à frire on sain de lart, dépèciès par menus pièces avecques oingnons mincis et deffaites du boullon de buef, du vergus, percil, ysope et sauge, et boullès ensemble, et fine poudre d'espices. » Là encore, aucun haricot. Et pour cause, puisque le haricot arriva apparemment en France presque deux siècles plus tard dans les coffres de mariage de Catherine de Médicis. C'était un cadeau de son oncle Jules de Médicis, dit Clément VII comme pape, qui l'avait fait cultiver en Italie à partir d'une semence rapportée d'Amérique par un navigateur.

Tempête dans une marmite : mais alors, pourquoi cette appellation de « haricot de mouton » ? Le haricot vient sans doute du vieux français *halicoter*, signifiant « couper en petits morceaux ». Alors, tout ragoût, qu'il soit de mouton, de veau, de gibier ou autre, était « haricot de... ». On ne sait trop quand les haricots apparurent dans le haricot de mouton. Mais ils y eurent place : Alexandre Dumas, délirant sur ce « ragoût plébéien », en appelait d'ailleurs à une pièce de Jodelle et à un passage de *Cyrano de Bergerac*. Pourtant il ajoutait : « Depuis, l'un des deux ingrédients a été détrôné par les navets. Les navets ont fait leur quatre-vingt-treize et les haricots ont eu leur vingt-et-un janvier. » On n'est pas plus simple dans l'expression et cela n'empêche pas Dumas de glisser ensuite une recette de Mme Dash, comtesse, et sans doute plébéienne. Alors, haricots ou pas haricots ? Le *Larousse gastronomique* est contre, *L'Histoire de la table* est pour, Claude Peyrot, l'exceptionnel chef et propriétaire du Vivarois de Paris en est partisan.

Cet homme-là, le premier à avoir osé un décor contemporain pour sa salle à manger, n'est pas moins mainteneur de tradition. De ce plat simplissime, il fait une petite merveille de sensualité enveloppante. A voir le mouton se vautrer dans la douceur des haricots, on se prend à l'envier. Il y a de la caresse dans leurs rapports et une certaine volupté dans leur rencontre avide.

RESTAURANTS à HARICOT DE MOUTON à PARIS (p. 201)

RECETTE

Avec Peyrot, tout en instinct

Claude Peyrot est un cuisinier d'instinct : alors on lui pardonnera sa recette dictée au plus simple. A chacun ensuite de suivre son propre instinct. Mais on aura beau faire, on n'arrivera jamais à son résultat miraculeux. Sa différence est là. En cas d'inquiétude, on peut toujours lui téléphoner : c'est un homme courtois, tout autant qu'il est empirique.

Pour 4 personnes : 1, 2 kg de collier et épaule de mouton coupés en morceaux, bouquet de thym, laurier, persil, sel, poivre ; 1 kg de haricots de Paimpol à écosser, 330 g de beurre, 1 cuillerée à soupe de tomates concentrées pour la couleur, 2 gros oignons, 2 dl de vin blanc sec.

Dans un rondeau, colorer au beurre le mouton, réserver les morceaux. Toujours dans le rondeau, faire revenir les oignons hachés. Déglacer avec le vin blanc. Rajouter ensuite le mouton réservé, puis mouiller à niveau avec de l'eau. Mettre les haricots, puis la cuillerée de tomates et le bouquet. Cuire au four comme une viande braisée pendant 1 heure et demie environ en vérifiant la cuisson de temps en temps à l'aiguille à brider. Servir en timbale avec du persil.

LE HOMARD À L'AMÉRICAINE

... Ou à l'armoricaine

Roué comme Cartouche, écartelé comme Ravaillac, brûlé vif comme Jeanne d'Arc, quelle fin pour un cardinal des mers !

C'EST idiot, ce surnom de « cardinal des mers » dont un chroniqueur gastronomique du XIXe, Monselet, affubla le homard. Breton (c'est le meilleur) et vivant, ce crustacé est bleu marbré de violet ou vert incertain : il ne devient rouge qu'à la cuisson. Cela dit, c'est plutôt au front du chef qui a inventé cette recette dite « à l'américaine » que le rouge de la honte devrait monter. Car on le traite comme un voyou, façon Ravaillac ou Cartouche, le cardinal en question : au vif, on lui arrache les pattes et l'abdomen, on lui coupe le thorax en deux et, puisque ça bouge encore, on fait revenir à l'huile bouillante avant de flamber, comme n'importe quel martyr. Et tout ça pour gagner du temps !

En effet, un soir de 1858, plusieurs clients américains tardifs s'installent au Peter's, un célèbre restaurant parisien du passage des Princes dont Pierre Fraisse, le propriétaire, vient de passer plusieurs années aux États-Unis, d'où son enseigne très américaine. Sa carte joue aussi cet exotisme-là avec le potage à la tortue ou le roast beef tranché sur un chariot. Avec son chef Reculet, afin de ne pas trop tard traîner, saisis par l'inspiration et parce qu'il ne restait au garde-manger que des homards vivants, ils imaginèrent une cuisson rapide en tronçons dans l'huile bouillante, avec tomates, ail, vin blanc, échalotes, etc. Stupéfaits et ravis, les dîneurs demandèrent le nom de la recette : « A l'américaine », lança-t-on pour les flatter. Ce baptême marquait aussi le début d'une querelle de derrière les fourneaux.

Bonnefoy, un autre restaurateur de la capitale, soutint avoir codifié cette recette au moins quinze ans avant. Le baron Brisse, un des ancêtres de la chronique gastronomique sous le second Empire, s'emporte, affirmant que le plat arrive tout droit de Bretagne et qu'il s'agit d'une préparation « à l'armoricaine » : une déformation de l'appellation est la cause de l'erreur. Des vicieux rappellent que la tomate n'a rien à voir dans la cuisine des pêcheurs bretons : d'ailleurs pêcheurs pour pêcheurs, ceux du Languedoc, d'où Fraisse est originaire, cuisent depuis longtemps leurs homards de cette manière. Et pendant ce temps-là, Monselet rimaille toujours, cette fois-ci à propos de la nouvelle spécialité du Peter's : « Et que si bonne et si tentante / Elle fasse damner un saint / Car plus d'une beauté rigide / Au tête à tête familier / Succombe après ce plat perfide / En cabinet particulier ! »

Un demi-siècle plus tard, le différend persistait puisque Prosper Montagné, fameux cuisinier, marquait sur sa carte « à l'armoricaine ». Encore en juillet 1914 — il y avait pourtant d'autres problèmes à l'horizon —, le journal *Gil Blas* affirmait soudain avoir découvert dans des archives le nom d'un cuisinier de Saint-Pol-de-Léon qui jadis aurait... En attendant la suite du débat, je ne vois rien de plus à propos qu'une conclusion tirée en 1924 par Raoul Ponchon, un académicien Goncourt : « Une Américaine était incertaine / Sur la façon de cuire un homard / Et si nous remettions la chose à plus tard / Dit le homard à l'américaine. »

RESTAURANTS à HOMARD à L'AMÉRICAINE à PARIS (p. 201)
et en RÉGIONS (p. 243)

RECETTE

Sans pitié

Pour 4 personnes : 4 homards bretons de 500 g, 500 g de tomates, 1 cuillerée à soupe de concentré de tomates, 5 échalotes, 1/2 bouquet d'estragon, 1 bouquet garni (thym, persil, laurier), 5 gousses d'ail, 5 dl vin blanc, 3 dl cognac, 60 cl fumet de poisson, 30 cl de fond de veau, 80 g de beurre, pointe de cayenne, sel, poivre, huile d'olive.

Couper en mirepoix les échalotes, les oignons, 3 gousses d'ail, les tomates préalablement coupées, épépinées et concassées.
Prendre les homards vivants, séparer les pinces et les queues. Couper les coffres en deux dans le sens de la longueur. En extraire le corail et la partie crémeuse, les mélanger au beurre pour en faire un beurre de corail. Saisir les pattes et les queues dans l'huile d'olive bien chaude avec les oignons. Faire suer. Ajouter la mirepoix, le concentré, flamber au cognac, ajouter le vin blanc. Couvrir à hauteur avec les fumet et fond, ajouter le bouquet garni, 2 gousses d'ail, pointe de cayenne, saler légèrement. Cuire un quart d'heure environ. Retirer pinces et queues, les décortiquer et couper en gros morceaux. Dresser. Continuer quelques minutes la cuisson de la sauce, la passer, lier au beurre de corail sans faire bouillir, ajouter l'estragon. Napper et servir avec du riz nature.

(Recette du restaurant La Marée, à Paris)

UN JARRET

Celui du veau d'or

Alexandre Dumas le mésestimait, Ambroise Paré le recommanda, les dernières concierges balzaciennes en furent les vestales.

AVANT même de le cuisiner, on l'aura mis à toutes les sauces, le veau. « Veau d'or » des Hébreux au pied du Sinaï, « veau gras » du retour de l'Enfant prodigue, cela pour les plus établis dans la légende. Il ne faut pas oublier non plus le « veau de dîme », choisi gras bien évidemment puisqu'il s'agissait de régler les impôts dus à l'Église, ni le « veau démocratique », servi froid aux banquets qui préchauffaient la révolution de 1848. Les gastronomes philosophes comme Grimod de La Reynière y virent un « caméléon de la cuisine », et ce pique-assiette de Voltaire célébra celui de Mme du Châtelet, reconnaissance du ventre oblige.

Pour en rajouter dans ce fatras historique et cette chronologie désordonnée, je ne vais pas négliger M. de Saint-Évremond, grand bouffeur et jouisseur, confident en légèretés de Ninon de Lenclos : il vanta l'animal dans sa *Comédie des friands*. J'oublierai moins encore Ambroise Paré, qui en conseillait le bouillon « pour nourrir le malade sans l'échauffer ». Or ce bouillon était de jarret : le morceau considéré comme le moins noble de toute la bête, au-dessous du cuisseau, du moins que rien, en comparaison du reste. Alexandre Dumas, toujours touche-à-tout, l'exécute : « Cette partie abonde en ligaments, tendons et membranes qui, par une ébullition prolongée, se résolvent en gélatine ; c'est cette propriété qui fait qu'on l'ajoute souvent aux braises pour y faire de la gelée, et c'est du reste, à peu près son seul usage. » Il fait fort le père Alexandre ! A son époque déjà, les concierges embaumaient les cages d'escalier de leurs daubes et de leurs blanquettes qui mijotaient dans leurs loges ; et bien sûr aussi de leurs jarrets de veau : pensez, huit à dix heures de cuisson !

Simenon s'en est souvenu plus tard pour Maigret. Mais les gardiennes d'immeuble qui ont remplacé les pipelettes n'ont plus ce temps-là devant elles, plus de fourneaux de cuisine sorcière sur lesquels se pencher, plus de petits-bourgeois besogneux rentrant pour déjeuner et qui, passant devant leur caverne, disaient en salivant : « Ça sent bon aujourd'hui », s'entendant répondre : « C'est tous les jours comme ça. Essuyez vos pieds ! » Alors, évanoui le spectacle du jarret planté sur son os au milieu de la casserole en cuivre, perdu le fondant que Dumas disait gelée, disparue la viande enrobée comme de velours, envolé le goût d'alchimie du jus de cuisson à saucer à grands pans de pain, effacée cette cuisine du « terroir » parisien ?

Certes, certes, on a frôlé la catastrophe avec la cuisine qui épurait tout, se tenait au filiforme, haïssait le gras ; sans doute les veaux shootés fondant en eau ou desséchant en carton ont-ils failli tuer la race. Heureusement, la mode était là, au coin du four, attendant de réécrire l'histoire : alors les chefs adeptes du petit pois enfilé sur le haricot vert ont soudain réalisé que les plats populaires en voie de disparition pouvaient encore faire leurs choux gras. Faugeron n'est pas tout à fait de ces cuisiniers-là car, depuis un quart de siècle qu'il est apparu sur le marché parisien, il est de ceux qui ont souvent maintenu la tradition. Alors, pour lui, le jarret de veau, c'est un retour à des sources jamais vraiment abandonnées. Évidemment, le décor de sa salle à manger trompetant un peu trop un luxe laborieux n'a rien d'une loge de concierge et le bourgeois attablé n'a rien de besogneux, mais on sent bien qu'il se régale, enfin libéré d'une diététique qui... Mais peut-être un jour prochain conviendra-t-on que ce plat de simplicité frôlant le sublime, à bien y réfléchir, vaut bien par le plaisir qu'il donne tous les régimes. Un jarret de veau de Faugeron en ordonnance même non remboursée, on peut rêver.

RESTAURANTS à JARRET DE VEAU à PARIS (p. 202)
et en RÉGIONS (p. 244)

RECETTE

Pas si simple... la simplicité

Pour 4 personnes : 1,8 kg (2 pièces) de jarret de veau, 4 litres de fond blanc de veau froid, 300 g de céleri branche, 4 pommes de terre, 4 carottes, 4 navets, 4 blancs de poireaux, 1 oignon piqué de 2 clous de girofle, 1 cuillérée à soupe de condiment Savora, 1 cuillerée à soupe de moutarde aux trois graines, 1 cuillerée à soupe de marjolaine, sauge et sarriette, huile, beurre, sel, poivre.

Colorer les jarrets à l'huile, beurre, sel, poivre. Les mettre dans un grand sautoir, mouiller avec 3 litres de fond de veau, ajouter 200 g de céleri branche et l'oignon, couvrir, cuire 8 heures à 80°. Retirer ensuite les jarrets, les envelopper d'une feuille d'aluminium, réserver au chaud. Cuire les pommes de terre à l'anglaise, couper les autres légumes en morceaux, les cuire séparément dans le fond de veau restant. Passer au torchon le jus de cuisson des jarrets, réduire à consistance sirupeuse, ajouter moutarde, condiments, aromates.
Présenter les jarrets entiers dans la sauteuse entourés des légumes et d'un peu de sauce. Mettre la sauce en saucière. Proposer gros sel de Guérande et cornichons. Découper à table.

(Recette du restaurant Faugeron à Paris)

LE LIÈVRE À LA ROYALE

Ce vieux plat donne du temps au temps

Depuis plusieurs siècles, on se dispute toujours son origine mais Colette l'a aimé et les Goncourt en ont eu à leur déjeuner.

COLETTE, gourmande comme une chatte, avait craqué pour ce plat que lui préparait parfois Raymond Oliver, son voisin du Palais-Royal, qui le lui faisait monter depuis son restaurant du Grand Véfour. Elle en parlait en écriture de délectation : « Laquelle d'entre vous, lectrices, en savourant l'authentique lièvre à la royale, fondant, chaud dans la bouche, se doute que soixante gousses d'ail ont coopéré à sa perfection ? Un lièvre royale réussi n'a pas de goût d'ail. Sacrifiées à sa gloire collective, à une consomption sans seconde, les soixante gousses d'ail, méconnaissables, sont pourtant présentes, indiscernables, cariatides qui soutiennent une flore légère et grimpante d'herbes potagères... »

J'entends déjà comme un bruit de querelle : soixante gousses d'ail ! Et chacun de commencer à les discuter, car, une fois de plus, le plat de légende est accaparé par les uns et les autres. Le connaissait-on déjà au XVe et serait-il né en Périgord, en Poitou, ou peut-être dans le Mâconnais, à moins qu'à Orléans... On ne retrouve sa trace qu'en 1775 dans *Les Soupers de la cour* — œuvre de Menon —, mais il existerait, apparemment, depuis trois siècles. Pour la suite, on reste dans le flou et il faut attendre la fin du XIXe avant d'en entendre de nouveau parler. J'en ai même la date précise puisqu'il s'agit d'un article du journal *Le Temps* du 29 novembre 1898, en première page de surcroît, sous la forme d'une recette du fameux lièvre à la royale, présentée par le directeur de la publication lui-même, telle que la prépare le sénateur de la Vienne, au nom prédestiné de Couteaux. On y plaidait bien sûr pour l'origine poitevine de la recette mais j'ai noté que ce cher homme n'utilisait que dix gousses d'ail, loin du compte de la chère Colette ! Mais, curieusement, de truffes, aucune trace. Or il existe des tenants de la truffe pour le lièvre à la royale : ce sont les Périgourdins pour qui il n'y a que le leur.

D'ailleurs, le *Larousse gastronomique*, pourtant si calme d'habitude, s'enflamme à ce propos : « Il ne faut pas confondre cet appétit (lièvre à la royale) du pays périgourdin, qui est chose magnifique, avec celui du même nom que, fort longtemps, on a considéré à Paris comme une façon de chef-d'œuvre culinaire et qui en réalité n'était (dans la capitale) qu'une assez médiocre capilotade de lièvre, parfumée à grand renfort d'échalotes et de gousses d'ail, et qui en tout cas ne méritait nullement la qualification de royale donnée par certains pseudo-gastronomes de la fin du XIXe ». Toujours est-il que poitevin, périgourdin, lyonnais parfois (chez Bocuse), à quelques nuances près et même si certains lui ajoutent du foie gras, on ne niera pas ce délice mangé à la petite cuillère. Chez Drouant, une table faste de la capitale, où le décor ample et riche correspond bien à ses saveurs enveloppantes comme une cape de velours, la grâce y est tout en filigrane, alors que sa chair est en sensualité languissante ; chez Drouant, donc, il s'exprime en perfection.

RESTAURANTS de LIÈVRE À LA ROYALE à PARIS (p. 203)

RECETTE

Un traitement de roi

Pour 4 personnes : 1 lièvre, 300 g de bardes fines, 350 g de filet de porc, 100 g de champignons, 100 g de lard gras, 2 œufs, 5 g d'échalote ciselée, sel, poivre, quatre-épices, armagnac, 2 litres de vin de Bourgogne (cela pour la préparation du lièvre proprement dit) ; 500 g de gros oignons, 500 g de carottes, 1 tête d'ail, 200 g d'échalote, 1 petite branche de céleri, 1 bouquet garni (cela pour une mirepoix qui sera préparée à part).

Dépouiller et vider l'animal, conserver le sang et mettre de côté foie, poumons et cœur. Le décapiter et le désosser entièrement et garder os et tête. Hacher ensemble porc frais, champignons, poumons, cœur, foie, lard gras. Travailler à la spatule, ajouter l'échalote ciselée, les œufs, sel, poivre, épices et un trait d'armagnac. Étaler le lièvre sur le dos, répartir un peu de la chair des cuisses sur les parties les moins charnues, mettre la farce au milieu et rouler le lièvre en cylindre. Barder, rouler dans une mousseline, ficeler en serrant fermement. Dans une cocotte avec couvercle allant au four, faire un fond de braisage avec les os du lièvre, la mirepoix, mettre le lièvre au milieu, ajouter le bourgogne jusqu'à couverture, assaisonner, cuire lentement à couvert au four pendant 4 heures. En fin de cuisson, retirer et déshabiller le lièvre, le garder au chaud. Passer, dégraisser, dépouiller le fond de braisage, le réduire, lier avec le sang du lièvre et le napper. Servir avec pâtes fraîches et quelques tranches de cèpes sautées au beurre.

(Recette de M. Grondard, à Paris)

P.-S. : Paul Bocuse pratique la fameuse recette du sénateur Couteaux. Elle occupe deux pages entières dans sa remarquable *Cuisine du marché* (éditions Flammarion). Il l'y minute même de 13 h 30 à 20 h. C'est inouï ! Sacré Bocuse !

LE LIÈVRE EN CABESSAL

Dit aussi en torchon, un gibier de tête

A Paris, on le dénomme aussi « la dauphine » mais à Figeac où il a été inventé, il se dit, en patois, cabessal.

Le *cabessal* ou *chabessal* est un torchon entortillé sur lui-même, en forme de cercle, que les femmes du Périgord et du Rouergue se posaient sur la tête lorsqu'elles avaient à porter un *ferrat*, autrement dit un seau d'eau. La tradition se perpétua jusqu'au début de notre siècle. Elles y gagnaient une démarche fière et altière fixée par des gravures romantiques et que l'on retrouve aujourd'hui dans une certaine Afrique lointaine. Le mot a été choisi pour baptiser une préparation de gibier imaginée par Lezeret, un cuisinier du XVIIIe installé à Figeac (Lot) après la Révolution. La ville était réputée pour ses traiteurs : l'un d'entre eux, Miret Marengo, avait été le grand fournisseur de la fête de la Fédération. Lezeret, lui, sentait le souffre puisque c'était un carme à qui 1789 avait ouvert les portes de son couvent : à l'époque, être défroqué représentait une sérieuse référence de moralité révolutionnaire.

Sans doute avait-il pris goût à une cuisine monastique ne devant rien à la pénitence : il s'installa aubergiste, se révélant adroit aux fourneaux et même plein d'invention comme le prouve son cabessal. Il s'agit à l'origine d'« une » lièvre, comme disent les chasseurs, autrement dit d'une pièce de plus de quatre livres qu'il préparait à sa manière : mariné dans du vin de Cahors et de l'armagnac, puis patiemment cuit sur un lit de couennes de porc pendant des heures après avoir été farci de lard, de jambon, d'échalote, de persil, d'ail, de noix muscade puis servi avec cèpes et oignons. Cette très longue cuisson supprimant toute raideur à l'animal et ne lui donnant pas plus de « consistance qu'une cuillère de flanelle » (selon la jolie formule du *Guide gourmand de la France)*, Lezeret le présentait dans une tourtière ronde, en forme de cabessal, justement.

Ce profond et cette douceur dévote, soutenus, relevés et portés à bout de bras par une farce parlant haut, fort et rude des terroirs périgourdins et rouergats, en font un plat de vérité absolue. Il est parfois considéré comme une version rustique du fameux lièvre « à la royale ». Certes, la farce a moins de richesse (ni foie gras ni truffes encore que ces deux éléments soient contestés par certains dans la préparation « à la royale ») mais l'ensemble demeure plus proche d'une cuisine familiale en état de fête.

A l'Ambassade d'Auvergne et du Rouergue qui entretient à Paris ces expressions de terroir, il est en effet exception, apparaissant au menu quelques jours seulement pendant la saison de la chasse, véritable parenthèse d'un instant de gourmandise venue de loin.

RESTAURANTS de LIÈVRE EN CABESSAL à PARIS (p. 204)
et en RÉGIONS (p. 245)

RECETTE

Pour 4 personnes : « Une » lièvre dont on réservera le sang et le foie.
Pour la marinade : vin rouge de Cahors pour couvrir entièrement, 3 dl d'huile d'olive, 1 verre d'armagnac, 1 carotte, 2 échalotes et 1 gros oignon émincés, 2 gousses d'ail écrasées, bouquet thym et laurier, 1 clou de girofle, sel, poivre, poudre de quatre-épices.
Pour la farce : 500 g de rouelle de veau, 250 g de jambon cru, 250 g de porc frais, 2 gousses d'ail, 2 échalotes, 1 œuf, sel, poivre.
Pour la cuisson : 1 verre d'armagnac, 1 bouteille de vin de Cahors, graisse d'oie, 150 g de lardons, 300 g de barde, 150 g de petits oignons, un roux de farine et graisse d'oie, 1 cuillerée de vinaigre, 1 gousse d'ail.
Pour la présentation : quelques croûtons aillés frits à la graisse d'oie.

Marinade : mélanger les ingrédients dans une terrine, y mettre le lièvre couvert et frais pendant 12 heures.
Farce : mélanger tous les ingrédients hachés et assaisonnés.
Cuisson : retirer le lièvre de la marinade et l'éponger. Le farcir puis recoudre avant de le barder et le ficeler en rond. Le braiser dans une tourtière ronde avec la graisse d'oie, les lardons et les petits oignons. Assaisonner. Mouiller de l'armagnac et du vin. Couvrir la tourtière et cuire à feu doux, lent et régulier pendant 6 heures. Aux trois-quarts de la cuisson, rajouter le sang qui aura été lié au foie écrasé avec l'ail et au vinaigre. Revoir l'assaisonnement. En fin de cuisson, retirer les fils, les bardes et les os se détachant des chairs. Servir dans la tourtière et dresser dessus les croûtons.

(Recette du restaurant des Carmes, à Figeac)

LES MACARONIS ROSSINI

Mélodie de la truffe

Ainsi donc le tournedos ne lui aura pas suffi : il aura aussi fait des gammes sur les macaronis.

« MANGER et aimer, chanter et digérer, tels sont à vrai dire les quatre actes de cet opéra bouffe qu'on appelle la vie et qui s'évanouit comme la mousse d'une bouteille de Champagne » : cette profession de foi parlait d'or, car enfin son auteur, Rossini, savait de quoi il s'agissait en matière d'opéra et de bouffe. Pour avoir marqué l'histoire de l'opéra il n'aura pas été non plus en reste avec celle de la gastronomie. Gastronomie qui le lui aura bien rendu si on en croit une réflexion ambiguë et perfide de Théophile Gautier : « Il est de la plus monstrueuse grosseur et il y a six ans qu'il n'a pas vu ses pieds. Le cuivre de son orchestre montre une certaine préoccupation de casserole qui ne le quitte pas, même dans ses inspirations les plus sublimes. » C'est le même Gautier, décidément un ami sincère, qui lui avait lancé un jour avant un de ses déjeuners réputés du samedi : « Vous nous accueillez toujours en annonçant VOTRE maison comme NOTRE café ; soit et merci mais si c'est un café, faites-nous donc servir quelque chose ! »

Pourtant ces repas étaient marqués d'une grande générosité du côté des plats : au-delà du tournedos portant déjà son nom il inventa pour eux une dizaine de recettes dont des macaronis extraordinaires et une salade hors norme. Ses macaronis, il les shootait à la seringue ! De quoi apparemment faire perdre la tête à quelques-uns, puisque Méry, un habitué, poète incertain qui ne légua à la postérité qu'une satire contre la monarchie de

Juillet, se laissa aller à délirer : « Roux comme l'or, parfumé comme l'Orient, fluide comme l'ambroisie de l'Olympe, un macaroni de rayons solaires potables qui éclata au milieu du dîner comme l'ouverture de *Sémiramis.* » Il faut pourtant en arriver à cette fameuse seringue, pour le moins le plus inattendu des ustensiles de cuisine : il l'avait fait fabriquer en argent, de respectables dimensions, et l'utilisait pour fourrer chaque macaroni d'une farce richissime de foie gras.

Assez exceptionnellement on n'y trouve pas de truffe, qu'il glissait pourtant avec le tournedos, les œufs brouillés, pochés, mollets, en omelette, la poularde, les suprêmes de volaille, le poulet sauté et les filets de sole pour lesquels il avait aussi imaginé des préparations. Cette truffe qu'il magnifiait dans l'assaisonnement qu'il avait composé pour ses salades et qu'il décida être, en bon musicien, le « Mozart de la cuisine ».

RESTAURANTS à MACARONIS ROSSINI à PARIS (p. 204)
et en RÉGIONS (p. 246)

RECETTE

Sans proportions

Il aura fallu attendre la disparition de Rossini pour en connaître la préparation grâce à Lacam, pâtissier du XIXe qui dédia un de ses gâteaux à Masséna, et révéla la recette du fameux macaroni dans un de ses recueils. Christian Guy, historien plus contemporain la reprit à son tour, sans proportions non plus, laissant à chacun le soin de faire ses variations : « Lorsque son macaroni était cuit al dente, il le laissait un peu refroidir. Pendant ce temps il ramollissait du foie gras frais qu'il avait écrasé finement ; et au moyen d'une seringue en argent, il garnissait intérieurement ses tiges de macaroni. Puis il remettait ses pâtes sur le feu avec du beurre, du gruyère, du parmesan ; le tout bien assaisonné. »

Il ajoute que la seringue de Rossini fut adjugée fort cher après sa mort lors d'une vente d'objets lui ayant appartenu.

LE MERLAN

Il décoiffe

Un poisson qui est un drôle d'oiseau, entre populaire et aristocrate, entre voyou et bon genre, partout chez lui.

POUR être un poisson que l'on dit « vulgaire », le merlan n'en a pas moins des relations. Dans leur dictionnaire, les académiciens gastronomes, se penchant sur l'origine de son nom, déclarent : « D'après la racine germanique *merleng*, composé de *merle* et du suffixe *eng*, le merlan serait un merle des mers. »

A son propos, avant d'en donner une dizaine de recettes — dont une du chef de cuisine de Sa Majesté le roi de Prusse —, dans son *Grand Dictionnaire de cuisine*, Alexandre Dumas va plus loin : il engage à ce qu'on le prescrive aux convalescents. Encore un médico-culinaire !

Vulgaire, vulgaire... C'est vite dit car certaines de ses préparations ont été dédiées à tort ou à raison à bien des gens puissants et/ou célèbres : Colbert, Richelieu, Silvio Pellico (écrivain italien du XIXe) et quelques autres.

Populaire sans doute, ne serait-ce que parce qu'il a toujours été très accessible de prix. A tel point qu'il est passé dans la langue quotidienne. Pendant plus d'un siècle, le coiffeur n'a-t-il pas été affublé de ce nom : cela tient au fait que les perruquiers de l'Ancien Régime, à poudrer abondamment les coiffures de leurs clients, finissaient par être aussi enfarinés que ce poisson que l'on roule souvent dans la farine avant sa cuisson.

Cependant, c'est bien en vain que j'ai tenté de trouver une explication au fait que l'expression « merlan bleu » a été un temps synonyme de poisson d'avril. Qu'on ne me fasse pas les gros yeux, surtout ceux de « merlan frit », une formule qui a disparu depuis une dizaine d'années.

Tel qu'il est, vert de dos, mordoré de flanc, argenté du ventre, le merlan en a aussi vécu de toutes les couleurs, on le met à toutes les sauces et, en conclusion, il se sent bien sur toutes les tables. Même s'il arrive en provocation sous les hauts plafonds pompeux et sur les marbres travaillés du Trianon Palace, à Versailles. D'une provocation l'autre, on la doit au chef Gérard Vié, qui sert déjà entre ces lambris un solide cassoulet, ce qui ne lui interdit pas de nombreux raffinements. Son merlan au four est tout de subtilité et de technique : il se travaille au petit point, ne serait-ce que pour que sa chair fine et friable ne finisse pas en dentelle.

RESTAURANTS à MERLAN à PARIS (p. 204) et en RÉGIONS (p. 246)

RECETTE

De petit bateau, bien sûr

Pour 2 personnes : 1 merlan de 400 à 500 g (de petit bateau surtout, non de chalut), huile d'olive vierge, sel, poivre de Setchuan, citronnelle, thym, verveine sauvage, échalote, 6 citrons non traités, 8 tomates moyennes, 1 cuillerée à soupe de sucre de canne roux, ail.

La veille, vider le merlan, ne pas le laver. Assaisonner dedans et dehors avec sel, poivre, thym, échalote, verveine sauvage, citronnelle. Faire mariner dans un plat avec l'huile d'olive et mettre le tout au réfrigérateur. Couper les citrons en rondelles, les cuire à la poêle avec le sucre de canne, réserver. Confire les tomates (les couper en deux, les épépiner, garnir d'ail haché, sel, poivre et d'un filet d'huile d'olive), faire chauffer très fort le four pendant 10 minutes puis éteindre et les laisser au four jusqu'au lendemain.
Le lendemain, sortir le merlan à l'avance afin que l'huile ne soit plus figée, récupérer ensuite et conserver les aromates, éponger. Le poêler quelques minutes à feu vif, sans matières grasses. Puis cuire à four moyen pendant 5 minutes en arrosant souvent, retirer le merlan. Poêle essuyée, y verser le vinaigre, les aromates et bouillir à peine. Napper avec ce déglaçage le merlan sur assiette, dresser tomates et citrons confits tiédis.

(Recette de Gérard Vié, à Versailles)

LA MOUCLADE

Peut-être depuis 2 000 ans

L'Aunis l'inventa il y a quelques siècles seulement, et pourtant, depuis l'Antiquité nous mangeons des moules.

APICIUS, un gourmet qui vécut sous Tibère, nous laissa un livre de recettes apparemment beaucoup revues pendant les 2 000 ans qui nous séparent de lui. Or donc Apicius préparait des moules avec du garum, du cumin, du poireau émincé, du vin paillé, de la sarriette et du vin. Pour ce qui est de la France et pour mémoire, on pêche la moule sauvage depuis un bon moment — un capitulaire contemporain de Charlemagne évoque l'*acon* (ou pousse-pied), une barque de pêche parfois encore utilisée de nos jours dans les élevages de moules dites de bouchot, dans la baie d'Aiguillon où l'on élève des moules depuis 1235. Patrick Walton, un Écossais, aurait fait là naufrage et y aurait inventé ce type de parc à moules : les pieux qui en constituent l'armature — à l'origine des faisceaux de bois appelés *busches* qui par déformation ont donné *bouchot* — et les palissades furent disposés en forme de W, première lettre de son nom. Si *non e vero*... Depuis, la moule de bouchot a fait la fortune du tour de la baie. Ces moules, on leur a accordé bien des qualités et presque autant de défauts. Au Moyen Age, un certain Belon (paradoxal, à propos de moules) les soutenait « bonnes pour les purgations des femmes, aux goûteux et pour la jaunisse ». Le XIXe les voyait lourdes et d'un usage très réservé. Pour ce qui est des recettes, on peut constater qu'elles ont été largement d'imagination : en marinière, en soupe, en risotto, en pilaf, en tartare, à la hongroise, Grand Siècle, au curry, frites, à la crème, à la bordelaise, en salade, et, et, et... en mouclade.

Hélas, pour ce qui est de l'origine de la mouclade, silence radio !

On n'a tout de même pas osé me faire le coup du-plat-de-pêcheur-sur-la-plage ; Châtelaillon la revendique, la baie d'Aiguillon-sur-Mer aussi, et La Rochelle se place, arguant des épices, dont le curry, rapportées jadis par les bateaux des Indes.

Or, La Rochelle, c'est Le Divellec, grand cuisinier pour Neptune, originaire de là-bas. Trente ans de cuisine sur place, une douzaine d'années à Paris dans son restaurant de luxe, haut lieu de rencontre des gens qui nous gouvernent ou espèrent le faire... Sa mouclade est délicieusement puissante, en frémissement de saveurs fines et capiteuses, mais désespérément chichiteuse dans sa présentation au demeurant fort jolie : une mouclade en habit de soirée !

RESTAURANTS à MOUCLADE à PARIS (p. 205) et en RÉGIONS (p. 246)

RECETTE

Du beurre et de la crème

Pour 4 personnes : 2 kg de moules de bouchot, 25 cl de vin blanc, 50 g d'échalotes, 50 g de beurre, 1 cuillerée à café de curry, 25 cl de crème fraîche, sel, poivre, 2 ou 3 œufs.

Dans une sauteuse, sur feu moyen, mettre vin, échalotes pelées et hachées, beurre, puis laisser à petite ébullition 10 minutes. Pendant ce temps, laver et gratter les moules, puis les mettre dans la sauteuse. Couvrir puis passer à feu vif. Lorsque la vapeur commence à s'échapper, découvrir, brasser puis retirer les moules au fur et à mesure qu'elles s'entrebâillent. Enlever à chaque moule sa coquille vide et ranger les coquilles pleines dans un plat à four. Délayer le curry avec les jaunes d'œufs et la crème, verser dans le jus de cuisson à filet réduit sans cesser de remuer. A frémissement, verser sur les moules, passer le tout 1 minute au four « voûte » réglé moyen.

(Recette du restaurant Le Divellec, à Paris)

L'ŒUF EN MEURETTE

Ou l'anti-nouvelle cuisine

Symbole du bistrot et de la Bourgogne, mis à mal par la mode du léger, il réapparaît, mais, au Récamier de Paris, il se maintient depuis un quart de siècle.

En Bourgogne, on ne se contente pas de boire le vin du pays : on cuisine avec. Il existe toute une culture culinaire autour de lui, et si les fromages et les pâtisseries échappent aux sauces avec lesquelles il cohabite — encore qu'une poire cuite dans une haute-côte-de-beaune... —, il s'accommode de tout : gibiers, viandes, volailles et poissons. Sanglier au gevrey-chambertin, pigeon au saint-romain, côte de bœuf au mâcon, bœuf bourguignon au savigny, coq au chambertin, filet de charolais au givry s'inscrivent dans le domaine des rouges. Les blancs s'expriment dans les quenelles de brochet, avec les escargots au chablis, l'aligoté se réservant la fricassée de poulet-anguille, le jambon persillé, la pochouse et le meursault s'alliant au poulet. Il y a là tout un patrimoine de la grande bouffe, celle qui n'a pas peur des sauces. Une manière qui certes n'est jamais dans la mouvance de la nouvelle cuisine échantillonnaire et pseudo-diététique : de ce côté-là, l'œuf en meurette pratiquerait plutôt les provocations. Un beurre manié avec de la farine, du beurre à tout va, du lard gras autant que du maigre, plus du pain, du vin, des œufs... pour les miniaturistes de la fourchette, il y a là de quoi hurler au meurtre !

Hé oui, c'est ça, la meurette et ses œufs ! Mais quelle volupté dans le velouté ; on s'y vautre dans le patelin. Un vrai péché aussi capiteux que capital, jusqu'à l'ivresse. Il y a quelque chose de fruste et de joyeux dans l'expression, avec le piquant et la grâce canailles qui devaient être ceux d'une soubrette de Marivaux. Ainsi à contre-courant de la mode, ils furent quasiment absents pendant des années des tables parisiennes comme de province, les bistrots eux-mêmes les reniant. Pourtant, au Récamier, antenne parisienne de la Bourgogne représentée là aussi par une fabuleuse cave de crus grands et petits, ils ont toujours tenu la vedette sur la carte. Les éditeurs d'alentour et d'ailleurs fréquentent cette salle à manger dont les velléités de décoration impériales doivent satisfaire leur goût du pouvoir et ils y nourrissent souvent leurs auteurs. L'œuf en meurette exciterait-il les facultés créatrices des romanciers ?

RESTAURANTS à ŒUF EN MEURETTE à PARIS (p. 206)
et en RÉGIONS (p. 247)

RECETTE

La preuve par l'œuf

Pour 4 personnes : 8 œufs particulièrement frais.
Pour la mirepoix : 1 carotte, 1 oignon, 1 bouquet garni, 1 brin de persil, 2 brindilles de thym, 1 feuille de laurier, 1 cuillerée à soupe de beurre.
Pour la sauce : 50 g de lard gras, 4 gousses d'ail, 1 cuillerée à soupe de beurre, 1 cuillerée à soupe de farine, 1 tasse de bouillon de viande ou de volaille, 3/4 de bouteille de bourgogne rouge, sel, poivre.
Pour la garniture : 100 g de lard maigre, 100 g de champignons, 5 cuillerées à soupe de beurre, 8 tranches de pain baguette, 1 bouquet de persil, 1 gousse d'ail.
Hacher carotte, oignon et les mélanger aux ingrédients de la mirepoix sauf le beurre. Manier 1 cuillerée de beurre et la farine. Hacher 4 gousses d'ail. Ailler avec une gousse les tranches de pain. Hacher le bouquet de persil à quantité de 2 cuillerées à soupe. Couper le lard gras en petits dés et le lard maigre en lardons.
Dans une sauteuse profonde, fondre le lard gras, y faire suer ensuite la mirepoix avec une cuillerée à soupe de beurre. Laisser étuver à couvert à feu moyen en mélangeant. Mouiller du vin, porter à ébullition, ajouter le bouillon, l'ail haché et cuire sur feu assez vif 30 minutes environ.
A part, faire sauter les lardons et les champignons chacun avec 2 cuillerées de beurre, et réserver le tout. Dorer les croûtons avec 1 cuillerée de beurre. Tamiser fin le bouillon, le reverser dans la sauteuse, lier avec le beurre manié, battre la sauce, saler, poivrer. Laisser frémir. Casser les œufs au ras de la sauce et les y pocher bien séparés, 4 minutes environ. Garnir des croûtons persillés, lardons, champignons.

(Recette de Martin Cantegrit, à Paris)

L'OMELETTE DU CURÉ

Onctueuse et d'onction

Fourrée de thon, « veau des chartreux » selon Grimod de La Reynière, elle fit longtemps référence pour les vendredis et le temps du Carême.

Les gens d'Église cherchèrent longtemps des accommodements, sinon avec le Ciel, tout du moins avec leur conscience afin de ne pas tomber dans le péché de gourmandise tout en satisfaisant la leur. Ils discutèrent ainsi avec passion de la nature du canard dont la vocation aquatique pouvait le faire considérer poisson plutôt que viande. De quoi mieux supporter les privations de viande imposées par les vendredis et surtout le temps du Carême. S'il n'a pas été l'objet de ces chamailleries pour le moins spécieuses, le thon, dont la chair opulente, grasse et généreuse rappelle à la fois celle du veau et du porcelet, n'a sans doute pas manqué, au travers de cette illusion, de trouver place à leur table. A tel point que Grimod de La Reynière l'avait surnommé « veau des chartreux ».

L'omelette du « curé », plus modeste puisqu'elle se contente d'être fourrée de thon noyé dans de la laitance de carpe, relèverait-elle aussi d'une telle casuistique ? Certes, l'omelette pratiquée depuis Rome a beaucoup inspiré et a plus souvent encore été dédiée : Agnès Sorel, la Du Barry, André Theuriet, la Maintenon, Mistral, Rossini, Talleyrand, Feydeau et quelques autres, tous laïcs bon teint, y ont eu droit. Ils suivaient en cela les béatitudes de tables chères à certains évêchés, couvents et presbytères de l'Ancien Régime. Or si on trouve dans ce répertoire celle du curé de l'île de Bréhat, définie par Gault-Millau dans leur *Guide gour-*

mand de la France comme « baveuse, fourrée de chair de tourteau, flambée au calvados, liée à l'extrait de tomate et parfumée au porto », la grande, la seule, la vraie omelette du curé a été mise en forme par Brillat-Savarin et revue pour un certain Monseigneur de la T. — on était discret au début du XIXe — hors toutes indulgences.

RESTAURANTS à OMELETTE DU CURÉ à PARIS (p. 207)
et en RÉGIONS (p. 248)

RECETTE

D'une cuisine dinosaure

Brillat-Savarin, « physiologue du goût », ne dédaignait pas de tirer à la ligne, même en cuisine.

« Prenez pour 6 personnes 2 laitances de carpe bien lavées que vous ferez blanchir en les plongeant 5 minutes dans de l'eau déjà bouillante et légèrement salée.
Ayez pareillement gros comme un œuf de poule de thon nouveau auquel vous joindrez une petite échalote déjà coupée en atomes.
Hachez ensemble les laitances et le thon de manière à les bien mêler et jetez le tout dans une casserole avec un morceau suffisant de très bon beurre, pour l'y sauter jusqu'à ce que le beurre soit bien fondu. C'est là ce qui constitue la spécialité de l'omelette.
Prenez encore un certain morceau de beurre à discrétion, mariez-le avec du persil et de la ciboulette, mettez-le dans un plat pisciforme, destiné à recevoir l'omelette ; arrosez-le d'un jus de citron et posez-le sur la cendre chaude.
Battez ensuite 12 œufs (les plus frais sont les meilleurs) ; le sauté de laitance et de thon y sera versé et agité de manière que le mélange soit bien fait.
Confectionnez ensuite à la manière ordinaire et tâchez qu'elle soit allongée, épaisse et mollette. Étalez-la avec adresse sur le plat que vous avez préparé pour la recevoir et servez pour être mangée de suite.
Ce mets doit être réservé pour les déjeuners fins, pour les réunions d'amateurs, où l'on sait ce que l'on fait et où l'on mange posément : qu'on l'arrose surtout de bon vieux vin, et on verra merveille. »

On n'explique pas plus clairement et si quelques précisions de quantité ne manquaient pas, ce serait une véritable leçon de « recette ».

LE PÂTÉ DE CAILLES

Toujours impérial

Il a existé dès le Moyen Age mais peut-être aussi depuis Rome. Encore privilège, il peut être le plat de fabuleux repas.

LE menu trône encore en majesté — on verra que c'est bien le moins que l'on puisse écrire — dans le petit salon d'entrée de la célébrissime Tour d'argent sur une table mise sous cloche et protégée avec mille précautions, et que l'on nous dit avoir été celle des « Trois Empereurs » en cette année 1867. Le roi de Prusse Guillaume Ier, le prince royal, l'empereur Nicolas, le tzarévitch Alexandre, Bismarck s'installèrent à la table du café Anglais. Potages à l'impératrice et Fontanges, soufflés à la reine, filets de sole à la vénitienne, escalopes de turbot au gratin, selle de mouton purée bretonne, poulet à la portugaise, pâté chaud de cailles, homard à la parisienne, sorbets au vin, canetons à la rouennaise, ortolans sur canapés, aubergines à l'espagnole, asperges en branches, cassolettes princesse, bombe glacée, leur promettaient bien des plaisirs. D'un yquem 1847 à un champagne Roederer frappé pour arroser le tout on se prendrait à rêver plus encore. Pourtant et par parenthèse il ne faudrait pas croire que c'était un repas de fête mais seulement un choix, certes présenté plats en mains si j'ose dire, mais à considérer plutôt comme une de ces cartes-menus que l'on connaît aujourd'hui.

On ne se sentait pas alors plus obligé de bâfrer qu'à notre époque.

L'occasion n'était pas exceptionnelle, leurs altesses sortant simplement d'un spectacle qui faisait alors un malheur au théâtre des Variétés et qui affichait *La Grande Duchesse de Gérolstein* interprétée par Hortense

Schneider. Cette même Hortense Schneider qui justement se présenta un soir à l'entrée du café Anglais réservée aux souverains — exactement comme il y avait une entrée de service pour les domestiques des grands bourgeois dans leurs hôtels particuliers de la plaine Monceau — en glissant au valet surpris mais qui la laissa néanmoins passer : « Je suis la Grande Duchesse de Gérolstein. »

L'anecdote est certes lointaine, mais on propose encore parfois, au Trianon Palace de Versailles, une réplique de ce souper, par exemple à l'occasion d'une bien jolie manifestation destinée à sauver paraît-il les archives en danger de Saint-Pétersbourg. La fête était belle ce jour-là dans ce salon, où, ô symbole, on signa la paix de l'après 1914-18. Le repas était à la hauteur de ces passés aussi jouisseurs que mythiques, et j'avais tenu à choisir ce pâté de cailles — le plat le plus élégant dans sa discrétion, pour en faire une proposition originale de repère lors d'un grand repas. Gérard Vié, exceptionnel maître de cuisine, qui se voit, et ceci sans méchanceté, de plus en plus en cuisinier royal, en donne la recette : il est vrai que chez lui, au Trianon Palace de Versailles, elle parle haut, très haut.

RESTAURANTS à PÂTÉ DE CAILLES à PARIS (p. 207)
et en RÉGIONS (p. 249)

RECETTE

Très grand genre mais simple

400 g de chair de caille, 2 œufs pour la farce, 1 jaune d'œuf pour la dorure, 1 cuillerée à soupe d'eau, 1/2 cuillerée à soupe d'huile d'arachide, 1 cuillerée à café de ciboulette finement ciselée, 1 échalote hachée, 5 cl de cognac flambé, 200 g de foie gras cru de canard, 100 g de mie de pain , 20 cl de lait , 1 bouquet de cresson sauvage, 300 g de pâte feuilletée, 2 cuillerées à soupe de vinaigrette pour le cresson, sel et poivre.

Hacher finement la chair de caille et la mettre à mariner avec le cognac flambé, l'échalote, la ciboulette, sel et poivre pendant 24 heures au réfrigérateur.
Mélanger avec les deux œufs, la mie de pain, le cresson sauvage en trempant dans le lait.
Faire une abaisse de la pâte feuilletée en gardant une petite partie en réserve, dans un moule pour 4 personnes, puis intercaler une couche de farce, une couche de foie gras, une couche de farce, une couche de foie gras, etc. Refermer le moule avec le reste de l'abaisse de pâte feuilletée, puis dorer avec le jaune d'œuf mélangé à l'eau et à l'huile d'olive et faire cuire à four chaud pendant 20-25 minutes. Servir avec la vinaigrette au cresson sauvage.

(Recette de Gérard Vié, à Versailles)

LA PÊCHE MELBA

Une diva

En inventant ce dessert haut de gamme pour une célèbre cantatrice, le grand chef* Escoffier *prouvait qu'il connaissait la musique mondaine.

« UN soir qu'elle donnait un dîner, m'inspirant du majestueux cygne mythique qui apparaît sur la scène dans le premier acte de *Lohengrin*, je lui servis... » Escoffier, qui cuisinait en rondeurs, ne détestait pas non plus se raconter avec quelque satisfaction. Il évoque un plat imaginé pour Nelly Melba, soprano australienne qui chantait alors — on était en 1892 — à Londres au Covent Garden. Après la représentation, un souper avait été prévu au Savoy Hotel. Elle était invitée par le duc d'Orléans dont on se doute bien qu'il était venu, depuis Paris, passer la soirée avec elle uniquement par amour du bel canto...

Et Escoffier de continuer : « ...des pêches sur un lit de glace à la vanille dans une timbale d'argent posée entre les deux ailes d'un superbe cygne taillé dans un bloc de glace et recouvert d'un voile de sucre filé pour leur donner de la noblesse : il n'y manquait qu'une chose. Alors j'y ajoutai le parfum d'une purée de framboises sucrées ». En fait il était parti d'une recette banale, celle de la pêche Cardinal (pochée sous un coulis de framboises) qu'il avait complétée par la glace à la vanille et surtout par la mise en scène sculptée de la glace et celle d'une résille caramélisée.

Toujours modeste, il poursuit : « L'effet fut suprenant et Melle Melba que je connaissais bien fut particulièrement sensible à mon attention. » Par on ne sait quelle soudaine humilité, il néglige la question de la diva :

« Mais comment s'appelle cette merveille ? » Or il ne pouvait que répondre « la pêche Melba » car l'époque était à « la Melba » : des robes, des coiffures, des gants, portaient son nom. Alors, pourquoi pas un dessert, puisque les chefs célèbres se sont toujours accrochés au fourgon de queue du train de la mode ? Il consacra définitivement sa trouvaille quelques années plus tard lors de l'inauguration à Londres de l'Hôtel Carlton sur la carte duquel il l'inscrivit à demeure, abandonnant néanmoins le cygne-iceberg pour un simple socle au carré. Quelque part il n'en resta pas moins marqué par cette parenthèse dans son aventure. Un quart de siècle plus tard, il explosait contre une pêche soi-disant Melba qu'on lui avait servie lors d'un banquet au Palais royal d'Amsterdam, avec de la gelée de groseille. « Aucune extrapolation ne saurait être permise [...] Jamais je n'ai permis cela. Ceux qui s'obstinent à ne pas vouloir suivre exactement ma recette ne peuvent aucunement approcher la saveur recherchée... » : drapé dans sa vanité de cabot offensé, il oubliait cette vieille pêche Cardinal qu'il avait troussée lui-même d'une sacrée extrapolation.

Assez étrangement, la pêche Melba a quasiment disparu des tables de restaurant. Sans doute est-il dificile de trouver les admirables pêches blanches odorantes et juteuses nécessaires à son élaboration, mais la préparation en est si simple pourtant. Peut-être trop simple : à tel point qu'elle ne survit que dans certains palaces, à commencer par le Ritz de Paris, où, justement Escoffier a régné.

RESTAURANTS à PÊCHE MELBA à PARIS (p. 208)

RECETTE

Surtout à la framboise !

Pour 8 personnes : 1/2 litre de glace à la vanille très crémeuse, 3 dl de purée de framboise, 8 pêches — blanches, c'est capital — bien mûres, eau avec de la glace pilée. Pour le sirop, 500 g de sucre, 1 gousse de vanille, 1 litre d'eau.

Plonger les pêches quelques secondes dans de l'eau bouillante, puis les jeter quelques minutes dans de l'eau contenant de la glace pilée, les égoutter, les peler et les tenir au frais.
Préparer un sirop avec 1 litre d'eau, la gousse de vanille et le sucre, le faire bouillir 5 minutes, puis y faire pocher les pêches 7-8 minutes sur chaque face. Les égoutter et les laisser refroidir complètement avant de les couper en deux et de les dénoyauter.
Pour chaque personne, remplir une coupe de glace à la vanille, puis disposer dessus 2 demi-pêches. Napper ensuite avec la purée de framboise qui aura été passée au tamis.

(Recette de Guy Legay, à Paris)

P.-S : Le socle de glace n'est pas indispensable mais on peut se laisser aller à des talents de sculpteur. Idem pour le voile en sucre filé : on est artiste ou on ne l'est pas.

LE PIED DE COCHON

Quasiment une affaire d'État

***Il aurait fait un croc-en-jambe historique à* Louis XVI *du côté de* Sainte-Menehould *et il a toujours régné aux* Halles *de* Paris.**

LOUIS XVI fut-il intercepté à Varennes parce qu'il avait voulu faire halte à Sainte-Menehould afin de déguster des pieds de cochon préparés selon une recette locale réputée ? Ça, c'est Camille Desmoulins, grand médiateur révolutionnaire, qui en a fait courir le bruit : histoire de délivrer le message selon lequel un tel goinfre n'avait que ce qu'il méritait. Pourtant on sait que le 20 juin 1791 on avait embarqué à bord de la berline royale du pain, du bœuf mode, du veau froid, du bouillon (un réchaud avait été prévu et une chaise percée aussi). De quoi tenir sans avoir besoin de s'arrêter ! On notera cependant pour mémoire, et sous toutes réserves, qu'un autre souverain, Charles VI, lui aussi en pleine débâcle, s'était déjà fait servir dans cette ville ces mêmes pieds fameux. « Tout cela ne tient pas pour ce qui est de Louis XVI », assure l'historien André Castelot. « Pas plus cette étape gastronomique qu'une autre que l'on prétend situer à Epoges et ayant soi-disant traîné trois heures à table. » Selon lui, tout se serait passé au relais de Chaintrix, avant Châlons, le temps de se rafraîchir et sans pied de cochon, qu'il fût de Sainte-Menehould ou d'ailleurs. Mais l'œil suspicieux de Drouet était bien aux aguets : alors, galopant jusqu'à Varennes, etc.

D'ailleurs, à propos de Sainte-Menehould, on ne s'est jamais accordé sur le nom du relais où aurait été commise la gourmandise fatale. S'agit-il de l'hôtel de Metz (sur lequel Victor Hugo a quelque peu déliré) ou bien de cette auberge du Soleil d'Or qui existe encore ? Elle est, par parenthèse, entre les mains d'un singulier personnage, Yvan Desingly, jadis célèbre à Caen pour ses tripes à la mode du pays, inventeur aussi d'un « pédalevoile » et d'un « vélokayak » : il a créé il y a une vingtaine d'années la Confrérie gastronomique du pied d'or (et de cochon bien sûr). Il a sa version personnelle de l'aventure : « Le 21 juin 1791, les dragons d'Andouins, après avoir dégusté des pieds de cochon au Soleil d'Or, se sont enivrés, révoltés, interrompant la continuation de la fuite de la famille royale. » Ah bon ?

Toujours est-il que Desingly éternise la recette de ces pieds dont le secret tient à une très longue cuisson en bouillon jusqu'à un fondu exceptionnel, avant qu'ils ne soient panés et grillés. A Paris, ils ont contribué à la gloire de cette vénérable institution des anciennes Halles de Baltard que fut et que demeure Le Pied de Cochon, passé il y a quelques années à l'état de brasserie de luxe. Le folklore du marché a certes disparu mais une ambiance assez rare et parfois nostalgique s'y maintient encore, avec toujours bien sûr les indémodables pieds.

RESTAURANTS à PIED DE COCHON à PARIS (p. 208)
et en RÉGIONS (p. 251)

RECETTE

Les pieds bien en main

Pour 4 personnes : 4 pieds arrière de 700 g chacun environ (à raser, ébouillanter, raser encore et nettoyer en retirant les ergots), 150 g de saindoux, quelques carottes, 1 bouquet, 250 g de chapelure de pain rouge de Rouen, sel, poivre, une bonne longueur d'étroites bandes de lin.

Préparer un court-bouillon copieux, salé, poivré, avec les carottes tronçonnées et le bouquet. Emmaillotter les pieds dans des bandes de lin très serrées, les mettre dans le court-bouillon pour une cuisson de 3 heures et laisser refroidir ensuite dans ce jus de cuisson. Retirer les pieds froids, les libérer, les enduire de saindoux et les rouler largement dans la chapelure. Les faire griller ensuite à four 8 en versant un petit verre d'eau dans la lèchefrite. Servir avec des pommes allumettes.
Avec ou sans sauce ? Certains puristes jurent par le non. Il y a les tenants de la sauce Sainte-Menehould dite à la charcutière mais au Pied de Cochon on lui préfère une sauce béarnaise. Cette affaire de sauce est aussi ténébreuse et mystérieuse que celle de la gourmandise du roi !

(Recette de Yvan Desingly, à Sainte-Menehould)

LES PIEDS DE MOUTON POULETTE

Plutôt intellos

Au XIXᵉ, *ils ont fait la gloire de bien des déjeuners littéraires.*

NOUS sommes au milieu du XIXᵉ, époque bénie par et pour les cuisiniers, héritiers de ceux qui ont inventé les restaurants au lendemain de la Révolution. Plus encore qu'aux aristocrates ayant survécu ou aux grands bourgeois arrivant sur le marché, ils doivent leur mode aux artistes et surtout aux écrivains et aux journalistes. Magny, installé rue Mazet, règne sur la rive gauche comme La Maison Dorée sur les boulevards. André Castelot en a évoqué les fameux dîners du vendredi où passèrent Flaubert, Bainville, les Goncourt, Renan, Sainte-Beuve, Sand retour de Palaiseau, Tourgueniev, Augier et quelques autres de même envergure qui s'offraient entre autres le défi d'être 13 à table. Magny, le patron, dans leur menu très copieux glissait systématiquement les deux plats qui faisaient sa réputation.

A savoir une « petite marmite » composée de petits paquets de bœuf et de volaille ficelés, cuits à l'eau assaisonnée de sel gris dans une marmite en terre avec de la queue de bœuf, une pointe de culotte, de la volaille ; chacun de ces paquets était servi sur des croûtons rissolés et aillés. Le second point fort du repas était les pieds de moutons « à la poulette ». Cela lui avait valu dans une chronique cette phrase définitive : « Nulle part ailleurs, on ne rédige ce plat difficile avec cet esprit et ce beurre. » Réflexions pour réflexions, Magny n'en manquait pas non plus. Le monde d'alors étant déjà envahi de « nouveaux » cuisiniers, il ricanait : « Il n'y a plus de sujets ; personne ne veut plus rien apprendre : des polissons qui ont passé deux saisons dans une bourgade de bains ont l'audace de se croire cuisiniers »... A la forme près c'est ce que l'on entend encore aujourd'hui. Pour en revenir à ces fameux pieds de mouton, ils étaient devenus tellement célèbres qu'on les retrouvait partout. Ainsi le *Guide de la bonne maîtresse de maison* en commençait la recette : « Quels que soient les pieds que l'on veut employer, il faut d'abord commencer par les nettoyer. »

Ce plat glorieux survécut à Magny jusqu'à notre ultime après-guerre, privilège des grandes brigades, qu'elles soient de grands hôtels ou d'importantes brasseries, tant sa préparation demande de temps passé. Partout on en aimait les ampleurs tendres et fondantes, la richesse rassurante, et les goûts en fondu enchaîné.

RESTAURANTS à PIEDS DE MOUTON POULETTE à PARIS (p. 209)
et en RÉGIONS (p. 252)

RECETTE

Un travail au petit point

Pour 6 personnes : 12 pieds de mouton, 250 g de champignons de Paris, 7 cuillerées à soupe de crème fraîche, 4 jaunes d'œufs, 3 cuillères à soupe de beurre, 1 filet de jus de citron, 1 cuillerée à soupe de persil ciselé, consommé, velouté à partir de sachets ou de boîtes afin de simplifier la préparation.

Cuire les champignons à l'eau puis les escaloper et conserver le jus de cuisson. Nettoyer les pieds, les cuire 1 heure à feu vif dans le consommé, les désosser ensuite, les éponger, les couper en deux. Les mettre dans une sauteuse avec les champignons, mouiller avec 4 cuillerées à soupe de consommé et autant de jus de cuisson des champignons. Réduire ce mouillement presque à sec, puis ajouter 3 dl de velouté, 3 cuillerées à soupe de crème. Cuire 5 minutes sans bouillir. Délayer les jaunes d'œufs dans le restant de crème fraîche puis en lier la sauce en faisant mijoter doucement avant d'ajouter le filet de citron et le persil. Bien mélanger avant de servir.

(Recette extraite du *Larousse gastronomique)*

LES PIEDS ET PAQUETS

La Provence en main

Emblématiques de Marseille au même titre que la bouillabaisse, ils représentent aussi un des fonds de la vraie cuisine provençale.

JE me doutais bien que le parcours des pieds paquets serait tout à la fois une grande bouffe et une grande bouffée de Midi. J'ai donc commencé par Marseille, puisque tout pour eux y aurait débuté. Hélas ! le flou artistique règne quant à l'origine de ces « pieds et paquets » dont on rappelle qu'ils sont parfois appelés « pieds en paquets ». Une dénomination pouvant prêter à confusion puisqu'elle pourrait laisser supposer que ce sont les « paquets » — autrement dit des tripes de mouton farcies et ficelées justement en petits paquets — qui envelopperaient des pieds (de mouton aussi). Or, pour être cuits ensemble, ils restent distincts dans leur mijotage en bouillon avec lard et vin blanc. Alors, on dit simplement « pieds et paquets ».

Toujours est-il qu'on perd l'instant de leur naissance dans la nuit des temps culinaires, étant entendu avant tout qu'ils représentèrent toujours un des plats de fête du Mardi gras de notre grand Sud. Ce fut longtemps le triomphe d'un restaurant de la banlieue marseillaise, La Pomme, posé sur un îlot de l'Huveaune. Le *Guide gourmand de la France* garde en mémoire un refrain à son propos : « Allons à La Pomme / Manger les paquets / Et nous ferons / Et nous ferons / Comme les Marseillais », et il rappelle aussi que les repas s'y terminaient par des « pets-de-nonne ». Très curieusement, dans le Marseille d'aujourd'hui, les meilleurs pieds et paquets sont le succès d'un Dijonnais moustachu expatrié sur les bords de la Méditerranée, Bernard Loury, et de Suzanne Quaglia, une femme cuisinière.

Cuisinière provençale pour cuisinière provençale, c'est en suivant un écrivain gastronome franco-américain célébrissime aux États-Unis, Robert Carrier, que j'ai trouvé la piste de Suzon Hézard, propriétaire d'un minuscule bistrot, quasiment inconnu, mais pourtant d'anthologie provençale à Montfort, près de Carcès, dans le Var. Cinq à six tables, et deux chambres ravissantes qui en sont le fonds hôtelier, avec lits de cuivre d'ancêtres, carrelages et meubles régionaux anciens. Dans un menu stupéfiant, elle sert de sublimes pieds et paquets de tradition dont je ne suis pas prêt d'oublier les parfums joyeux. Plus haut dans le pays de Provence, à Château-Arnoux, chez les Gleize à La Bonne Étape, une auberge d'un beau luxe familier, leur générosité va jusqu'à faire des pieds et paquets un plat opulent grâce à des truffes, bien de cette terre aussi. Enfin, à Bormes-les-Mimosas, Guy Gedda, au Jardin de Perle Fleur, qui récite dévotement et avec richesse le credo de la gastronomie de Provence, en fait un grand moment : ses pieds et paquets ne nécessitent pas moins de douze heures de cuisson en autant d'épisodes.

RESTAURANTS à PIEDS ET PAQUETS à PARIS (p. 209)
et en RÉGIONS (p. 252)

RECETTE

A pied d'œuvre

Attention : la fabrication proprement dite des pieds et paquets demandant un énorme travail, il n'est pas honteux d'en commander de tout prêts chez un charcutier comme on le fait pour le boudin et l'andouillette. La préparation fera la différence !

Pour 6 personnes : 18 paquets, 12 pieds, 500 g d'oignons, 2 kg de tomates fraîches, 1 gousse d'ail, 1 bouquet garni, 2 branches de céleri, 2 branches de persil, 2 branches de basilic, 5 cl d'huile d'olive, sel, poivre, 1, 2 kg de pommes de terre.

Couper oignons, céleris et les faire suer dans l'huile d'olive. Dès qu'ils sont brunis, ajouter les pieds et paquets. Dès qu'ils sont dorés, rajouter les tomates qui auront été concassées après épépinage et émondage. Largement couvrir avec de l'eau (encore qu'on puisse ajouter du vin blanc qui acidifie légèrement), saler, poivrer. Cuire à feu doux pendant 2 heures pour les pieds, et 2 heures 30 pour les paquets. Laisser reposer vingt-quatre heures dans leur jus.
Le lendemain, préparer un hachis avec de l'ail, du persil, du basilic pour une quantité de 2 cuillerées à soupe environ. Remouiller les pieds et paquets avec de l'eau et mijoter à feu doux une demi-heure. Les mettre dans une soupière en porcelaine épaisse et blanche selon la coutume et répandre le hachis dessus avant de servir. Accompagner des pommes de terre qui auront été cuites à la vapeur après épluchage et au dernier moment.

(Recette de M. Dell'Omo des Senteurs de Provence, à Paris)

LA PINTADE AU CHOU

Arrivée avec la Toison d'or

Au Beauvilliers, le plus romantique des restaurants, en se souvenant qu'elle est venue d'Asie, on la peint d'épices d'Orient.

ÉDOUARD Carlier étant l'ultime restaurateur de Paris à avoir le sens de la fête et de l'imprévu dans l'extravagant, somptueux et délicieux romantisme de sa salle à manger, il ne pouvait qu'être un des derniers à inscrire sur sa carte ce drôle d'oiseau qu'est la pintade. Elle a de quoi exciter son imagination et ses divagations poétiques puisqu'elle relève de la mythologie : son nom latin de *meleagris* rappelle qu'on la suppose née de la métamorphose des sœurs de Méléagre, un aventurier parti avec Jason et les Argonautes à la recherche de la Toison d'or (était-ce la pintade ?) du côté de la Colchide vers le sud du Caucase, une Asie d'où elle serait originaire. Pas étonnant alors qu'il la cuise dans un caparaçon d'épices elles aussi lointaines. Comment ne serait-il pas ému, par ailleurs, par ces taches blanches parsemant le plumage bleuâtre de l'animal et qui le font surnommer l'« oiseau peint » : elles figurent les larmes des sœurs ayant mal tourné.

Si l'on est plutôt réticent à cette bien jolie cuisine des dieux, on peut toujours se rapporter à la tradition toute terre à terre selon laquelle la pintade aurait été rapportée d'Afrique au XVe siècle par des navigateurs portugais. Toujours est-il qu'elle se fit vite une belle clientèle puisqu'on la trouve au menu du déjeuner du 14 mai 1514 au château de Saint-Germain-en-Laye : François de Valois, pas encore François Ier, y épousait Claude de France, la fille de Louis XII. Un repas marquant aussi pour la gastronomie puisqu'y apparurent pour la première fois à table des pièces de vaisselle inédites, les assiettes. D'argent, elles remplaçaient les « tranchoirs », ces larges tranches de pain sur lesquelles on posait jusque-là les morceaux de viande ou de poisson, alors que les bouillons et les soupes étaient servis dans des écuelles à « oreilles ». Quant à la pintade, elle avait été préparée farcie au foie d'oie, avec du chou accompagné d'alouettes farcies de foie d'oie truffé. Elle se maintint même avec une excellente réputation pendant longtemps, puisque dans le célèbre *Art de bien manger* de la fin du XIXe on la trouve comme référence « pour recevoir quelques amis fatigués des éternels plats, toujours les mêmes, goûtés un peu partout : elle a été très appréciée et digne d'être recommandée aux gourmets des temps présents et futurs ». Une réflexion qu'Édouard Carlier a dû juger plus d'actualité que jamais et qui lui donne l'occasion d'en refaire un plat quasiment royal, une nouvelle Toison d'or.

RESTAURANTS à PINTADE AU CHOU à PARIS (p. 210)
et en RÉGIONS (p. 253)

RECETTE

Épices au pinceau

Pour 2 personnes : 1 pintade fermière d'Ardèche, saucisson pistaché, 1 chou, 300 g de petits haricots tarbais, 2 tranches de pain de mie, 1 noix de beurre, 1 cuillerée à soupe d'huile d'olive, 1 branche de thym, 2 verres de vin blanc doux. Mirepoix : 100 g de carottes, 100 g d'oignons, 100 g de poireaux, 2 tomates. Appareil : 1 cuillerée à soupe de moutarde, 1 cuillerée à soupe d'huile d'olive, 4 tours de moulin de poivre noir, 1 pincée de sel, 1 de muscade, 1 de paprika, 1 de ras el hanout.

Ébouillanter le chou à grande eau, bien égoutter, lever les feuilles et réserver. Lever les ailes, les blancs et le foie de la pintade, réserver. Préparer la mirepoix, la faire revenir avec 1 cuillerée à soupe d'huile d'olive dans une cocotte profonde. Garnir du chou, laisser réduire légèrement à feu moyen. Mettre les ailes et leurs blancs, mouiller du vin, couvrir, cuire à four moyen 30 minutes en arrosant souvent. A part, mélanger les ingrédients de l'appareil jusqu'à consistance crémeuse. En badigeonner au pinceau les ailes sorties de la cocotte en fin de cuisson. On cuira à part les haricots à l'eau salée. Remettre les ailes dans la cocotte avec le thym, mouiller d'un verre d'eau et terminer la cuisson au four un quart d'heure. A part, faire revenir au beurre le foie et le pain de mie, écraser le foie et en tartiner le pain, réserver. Cuire aussi le saucisson à l'eau salée 10 minutes et le couper en tranches, réserver. Dresser le chou sur assiette, les ailes dessus, les tranches de saucisson et le pain de mie autour, arroser d'un tiers du jus de cuisson, le reste nappant les haricots dans une autre assiette. Garder les cuisses pour un salmis.

(Recette d'Édouard Carlier, à Paris)

LA POCHOUSE

Ou la pauchouse ?

Une matelote de poissons de rivière préparée au vin que l'on a bien tort de comparer avec la bouillabaisse d'eau et de poissons de mer.

DOIT-ON dire pochouse ou pauchouse ? Est-elle de Verdun-sur-le-Doubs (Saône-et-Loire) ou de Seurre (Côte-d'Or) ? Les poissons doivent-ils être de rivière ou de lac ? Se prépare-t-elle au vin blanc ou au vin rouge ? Le beurre manié est-il préférable au roux ? Est-il hérétique d'y ajouter de la crème et des lardons ? Pochouse et pauchouse sont aussi valables, les deux mots venant de *pêche* (*poêchon* en patois) ou de *poche* en référence à la musette des pêcheurs. Les mariniers qui l'inventèrent se contentaient de l'appeler *pôchou*. Verdun-sur-le-Doubs a trouvé des documents datant du XVIe siècle prouvant qu'à cette époque, et à quelques kilomètres de là, l'hôpital Saint-Louis de Chalon-sur-Saône en faisait déjà état dans ses registres d'intendance. Ses arguments sont renforcés par une confrérie des Chevaliers de la Pochouse. A Seurre, on plaide de bonne foi, mais sans trop de détails, que la pauchouse du cru est plus ancienne et plus crémeuse que celle de ses rivaux. Il existe peut-être des preuves, mais la mémoire du village est très marquée par celles contant les mésaventures du duc de Bellegarde, dont il porta le nom, à qui Henri IV vola la très belle Gabrielle d'Estrées. Avoir ensuite laissé son patronyme à une laitue pommée (cornue peut-être) et à une pêche à chair ferme (comme Gabrielle sans doute) a-t-il consolé Monseigneur ?

On trouve même une pochouse sur les bords du lac Léman. Elle serait née au château de Ripaille. On y vivait si bien qu'une expression en naquit, « faire ripaille ». Elle était évidemment faite de tous les poissons du lac : perche, lavaret, féra, omble chevalier cuits dans un court-bouillon auquel on ajoutait des raisins secs et des carottes coupées en dés. On la nomme maintenant pochade, sans doute afin de ne pas traumatiser les Chevaliers de la Pochouse qui ne jurent bien sûr que par les poissons de rivière, ceux du Doubs : perche, tanche, brochet, carpe — l'anguille étant discutée —, alors que les gens de Seurre y ajouteraient truite et goujon, cela sous toutes réserves car je ne veux pas exacerber les susceptibilités.

La question du vin de cuisson est réglée avec l'aligoté blanc de Bourgogne, encore que certains tenants du rouge, en Côte-d'Or... des déviationnistes ! Le *Larousse gastronomique* penche par ailleurs vers le beurre manié pour la sauce alors que les puristes se réclament du roux : cela étant, ils considèrent tous que le lard, en dépit d'un certain usage très lointain, est définitivement proscrit, la crème pouvant se discuter. Il n'en demeure pas moins que la pochouse maintient surtout ses délices légers et tendres entre la Saône-et-Loire et la Côte-d'Or : dommage pour Paris où elle se fait rarissime.

RESTAURANTS à POCHOUSE à PARIS (p. 211) et en RÉGIONS (p. 254)

RECETTE

Avec des poissons d'eau douce

Pour 4 personnes : 1 kg de brochet, 1 kg de tanche, 1 kg de perche (toutes les têtes à part), 300 g d'ail écrasé + 1 gousse entière, 12 g de beurre, 1 brin de thym frais, sel, poivre, farine, 2 litres de vin de Bourgogne aligoté, 2 cuillerées à soupe de marc de Bourgogne, 8 tranches de pain.

Trancher les poissons en darnes. Faire chauffer le vin dans une casserole. Par ailleurs, chauffer le marc dans une louche, l'enflammer et le verser dans le vin, puis flamber le tout. Terminer le flambage, mettre le thym, l'ail, les têtes de poisson. Laisser mijoter à feu moyen 1 heure, passer ce fumet obtenu et pocher les poissons dedans pendant 20 minutes. Tenir au chaud.
Faire un roux avec le beurre et la farine, puis le mouiller avec le fumet jusqu'à une sauce onctueuse. Saler et poivrer. Tenir au chaud. Griller le pain puis le frotter de la gousse d'ail.
Disposer les poissons dans un plat creux, les napper de la sauce et disposer les croûtons aillés autour.

(Recette de Mme Vithu, à Verdun-sur-le-Doubs)

LES POMMES SOUFFLÉES

De M. Passard

Née au* XIX*e d'un retard de chemin de fer, cette préparation est devenue la plus snob et la plus rare.

SAINT-GERMAIN-EN-LAYE 1847 : cela fait dix ans que l'on attend la prolongation de la ligne de chemin de fer qui de Paris s'était arrêtée au Pecq, de l'autre côté de la Seine. Enfin on inaugure le dernier tronçon jusqu'ici en présence du roi Louis-Philippe et de la reine Marie-Amélie. Le traiteur chargé du banquet à l'arrivée du convoi royal a préparé des frites puis a été obligé de les mettre à refroidir pour attendre les invités : le train se traînait car les roues des wagons patinaient sur les rails en raison de la pente importante. Pourtant, le retard fut moins important et c'est en catastrophe que le cuisinier remit ses pommes de terre dans la friture dans laquelle elles gonflèrent aussi soudainement qu'inexplicablement. La pomme soufflée venait de naître et elle eut un fabuleux succès à la table du roi. Les grands restaurants de Paris s'en emparèrent et elle resta longtemps à leur carte car elle est de ces plats simples très délicats à réussir.

Pas étonnant alors que ses grâces croustillantes et aériennes, son souffle souple, sa légèreté espiègle, son dodu trompeur et canaille, son tendre saisi, ainsi que le goût premier de la pomme de terre transmuté en saveur rare aient séduit Alain Passard. Ce chef-là, grand jeune loup parmi les chefs d'avenir de la capitale, amateur de musique — un violon éclaté d'Arman est exposé dans sa salle à manger aux formes langoureuses — pratique un peu comme les grands chefs d'orchestre : il adore interpréter à sa manière les partitions classiques.

Alors, il pose ses pommes soufflées en note haute feutrée à côté des volailles et même en accompagnement de poissons, les paraphant très originalement de gros sel et de cumin.

RESTAURANTS à POMMES SOUFFLÉES à PARIS (p. 211)
et en RÉGIONS (p. 255)

RECETTE

Souffler n'est pas jouer

Avare de mots, Passard s'explique au plus court : cette recette est la plus succincte de ce livre, mais ainsi a parlé le chef !

Pour 4 personnes : 4 grosses pommes de terre à pulpe très ferme, graisse de rognon.

Laver les pommes de terre, les tailler en tranches à 3 mm d'épaisseur. Effectuer une première cuisson de ces tranches dans un bain de graisse de rognon de veau à 180° pendant 7 minutes. Après refroidissement des pommes égouttées, effectuer une deuxième cuisson pour le « soufflage » pendant quelques dizaines de secondes à 190°. Égoutter sur du papier absorbant.

Un chimiste du XIXe (Chevreul) a doctement expliqué ce phénomème par une « volatilisation d'eau ». Ah, ces savants !

(Recette d'Alain Passard, à Paris)

LE POTAGE GERMINY

Valeur or

Né pendant le XIXe au café Anglais, le plus snob des restaurants de Paris, et de Dugléré, le plus célèbre des chefs, il est le plus simple.

PARIS 1869 dans la lingerie du café Anglais. Delhomme, le propriétaire, s'adresse solennellement à quelques échantillons triés de la nouvelle haute société de Napoléon III : « Messieurs, qui m'avez fait le grand honneur d'accepter mon invitation, vous allez déguster un potage nouveau, composé tout exprès à votre intention et sur lequel vous me donnerez votre avis » et, commente Duquesnel, un chroniqueur mondain présent, il se rasseoit au milieu d'un murmure approbateur.

En cette année où le second Empire ne se posait d'autres problèmes que celui de bien vivre, le café Anglais était un des hauts lieux de plaisir de la capitale. Né en 1802, juste après la paix d'Amiens, il avait connu la mode sous la Restauration et cela durait depuis. On y traitait l'Europe entière et on y avait même vu à la même table Guillaume Ier de Prusse, Bismarck, le tsar Alexandre II, le tsarévitch et le prince royal. Le lieu était plus célèbre encore pour celles que l'on disait les « cocottes » dont la vertu était inversement proportionnelle à la grosseur du diamant offert : jusqu'à la Païva surnommée « on paye on y va »... D'un luxe ébouriffant, la maison s'étendait sur deux étages en une vingtaine de salons et cabinets particuliers. Pourtant ces amateurs gourmets s'étaient réunis dans la pièce où étaient entreposées nappes et serviettes : c'était du dernier snobisme alors, comme la table posée dans les cuisines de certains restaurants d'aujourd'hui.

On revient à Duquesnel dont les chroniques ont été exhumées par Maguelonne Toussaint-Sama, qui a exprimé ses curiosités littéraires et culinaires dans des dizaines d'ouvrages : « Bientôt la porte s'ouvrit et parut le maître d'hôtel en frac et cravate blanche suivi de trois valets [...] Circulant louche en main, il remplit [les assiettes] avec un beau geste arrondi d'un potage fumant, couleur jaune laiteux, marbré d'une chiffonnade d'oseille, dont la buée odorante charmait les narines, comme un doux présage. Pendant un moment, on n'entendit que la symphonie des cuillères, entrecoupée de quelques vagues soupirs de satisfaction. Puis ce fut la pluie des adjectifs : exquis, délicieux, parfait, sublime ! ! ! Puis une question : "Quel est l'auteur de ce chef-d'œuvre ? — Dugléré, le chef des cuisines. — Alors qu'il vienne !" On le fit monter, souriant et modeste, mais dans les yeux duquel se lisait la joie du triomphe. C'était un véritable artiste, ce Dugléré. »

Né au début du siècle, Dugléré avait été formé par Carême dans les cuisines des Rothschild avant d'accomplir un très beau parcours qui l'amena et le ramena au café Anglais où, des pommes Anna à la sole Dugléré il inventa beaucoup, jusqu'à ce fameux potage Germiny. Et le récit de se poursuivre : « Le marquis de Saint-Georges essuya ses lèvres sur sa serviette où elles laissèrent une sanglante balafre de carmin et alla embrasser Dugléré, lui disant avec des larmes dans la voix : — Dugléré, ce n'est pas un potage, c'est un chef-d'œuvre. Et quel nom lui avez-vous donné, à cette merveille ? — Je l'ai appelé potage Germiny, du nom de l'ancien gouverneur de la Banque de France, un de mes plus sérieux clients, un gourmet de haute délicatesse. — Eh bien, Dugléré, répliqua le marquis, le potage Germiny fera le tour du monde. »

La mode des soupes et des potages revenant après une longue éclipse, il se contente pour l'heure de refaire le tour des cuisines des palaces, les chefs stars s'entêtant à vouloir faire compliqué alors qu'il est si beau et bon de faire simple : il est vrai que la recette n'est quasiment plus répertoriée. De quoi les affoler !

RESTAURANTS à POTAGE GERMINY à PARIS (p. 211)

RECETTE

En épure totale

Pour 6 personnes : 1, 5 litre de consommé de bœuf ou de volaille, 300 g d'oseille, 100 g de beurre, 1/2 litre de crème fraîche, 6 jaunes d'œufs, 1 cuillère à soupe de pluches de cerfeuil, 12 tranches fines de flûte de boulangerie, sel, poivre.

Nettoyer l'oseille, en retirer la queue et la ciseler en chiffonnade puis la faire fondre au beurre. La mouiller ensuite du consommé et mettre à feu doux. Assaisonner légèrement. Délayer les jaunes d'œufs dans la crème, saler et poivrer puis en lier lentement le potage, toujours à feu doux avec une spatule de bois. Ne pas porter à ébullition. Lorsque le liquide habille la spatule en velouté, arrêter la cuisson et parsemer des pluches de cerfeuil. Mettre dans chaque assiette 2 tranches de pain qui auront été légèrement grillées au four puis couvrir du potage.

(Recette de Gérard Fouché du restaurant Venantius, à Paris)

LA POULARDE TRUFFÉE

Très B.C.B.G

Si la poule au pot populaire fut d'inspiration royale, la poularde aux truffes est plutôt d'Empire et bourgeoise : question de moyens.

LE Régent fut-il le premier à demander à son cuisinier de bourrer de truffes les poulardes qu'il lui rôtissait pour ses repas canailles ? Le cher homme croyant à leurs vertus aphrodisiaques, ce ne serait pas impossible. Encore qu'il ait été gourmet et qu'il ait bien pu imaginer combien ce fabuleux champignon pouvait donner de goût à une chair somme toute assez fade. Toujours est-il que la recette « à la régence » ne prévoit pas moins de huit truffes cuites au madère. Il faut cependant le premier Empire puis le Second, et plus encore les années du début de notre siècle, pour voir se multiplier de tels apprêts dans les restaurants à la mode et dans les livres de recettes. Les aristocrates les parrainaient, les grands chefs les dédiaient, on les baptisait d'appellations en références et révérences majeures.

Carême imagina une poularde « à la d'Albufera », en hommage au maréchal Suchet (après sa triple victoire espagnole d'Oropesa, Murviedro et Valence, il avait été fait duc d'Albufera, du nom d'un lac voisin de Valence) : la bête est pochée après avoir été farcie de riz cuit et d'un salpicon de truffes. Dite « à la Demidov », elle est poêlée avec une fondue de légumes et de truffes. Demidov était un prince russe, réputé grand jouisseur, qui avait divorcé de la princesse Mathilde, fille du roi Jérôme Bonaparte. Il fut sous le second Empire un des grands habitués de la célèbre Maison Dorée, un fabuleux restaurant dans lequel Alexandre

Dumas s'installa un temps pour rédiger son journal *Le Mousquetaire*. On a aussi mémoire de recettes dites « à l'ambassadrice » (avec une farce de salpicon de truffes), « à la chevalière » (en fricassée avec une sauce aux truffes), « à la princesse » (pochée et servie avec huit truffes sur des tartelettes), « à la reine » (farcie et pochée, servie avec des lames de truffes), « à l'impériale » (avec une farce aux truffes et un salpicon de truffes). C'est un gotha de titres... Il y en a comme ça une bonne douzaine encore, avec des personnalités autres : « à la Doria » (pochée avec une sauce aux truffes et huit truffes cuites au champagne), « à la Rossini » (poêlée avec huit grosses lames de truffes chauffées au beurre et une sauce au fumet de truffes), « à la Stanley » (pochée avec des tartelettes au salpicon de truffes), « à la Souvarov » (poêlée farcie avec un salpicon de truffes et servie avec huit truffes étuvées au beurre), une vraie rafle dans un beau monde tellement boulimique que j'ai négligé les foies gras et le reste entrant dans ces plats.

Heureusement, quelques versions régionales permettent de se retrouver entre soi, avec plus de simplicité, et j'en veux pour preuve l'exceptionnelle poularde truffée du restaurant Pauline. Cette bonne maison intimiste conservée pieusement dans sa patine soigneusement entretenue, délicieusement provinciale autour de ses banquettes rouges, devenue en quarante ans institutionnelle de la cuisine bourgeoise parisienne, est bien faite pour les somptuosités discrètes d'un tel plat. Cher, certes. Mais les truffes...

RESTAURANTS à POULARDE TRUFFÉE à PARIS (p. 212)
et en RÉGIONS (p. 256)

RECETTE

A la manière de Pauline et d'André Génin

Pour 2 personnes : 1 poularde de Bresse de Montrevel de 1,6 à 1,8 kg, 50 g de truffes noires*, 120 à 150 g de beurre, sel, poivre.

*Certes, doubler la quantité de truffes serait magnifique mais... ruineux.

Vider et préparer classiquement la poularde à la cuisson. Trancher 35 g de truffes en très fines lamelles à glisser ensuite sous la peau, entre la peau et la chair. Disposer de nombreuses noisettes de beurre sur la peau, saler et poivrer. Poser la poularde dans une sauteuse et enfourner dans un four préchauffé à 200. Après 35 minutes de cuisson, découper les ailes qui seront servies en premier service avec du jus. Pendant ce premier service, le reste de la poularde et les cuisses seront remis au four. Lorsqu'ils sont à peine à point, déglacer le fond de la sauteuse avec un petit verre d'eau, saler, poivrer, monter légèrement avec une grosse noisette de beurre : ce jus sera utilisé pour napper les blancs après lui avoir ajouté au dernier moment les 15 g de truffes restantes coupées en julienne. Servir en accompagnant avec une poêlée de champignons sauvages et un gratin dauphinois sans gruyère.

(Recette d'André Génin, à Paris)

LA POULE AU POT

D'Henri IV à Paul Chêne

Récupéré dans un discours royal par Sully puis par Louis XVIII, le mythe est toujours dans nos marmites.

PROMISE donc par ledit bon roi Henri IV, la poule au pot dominicale pour tous se serait fait attendre bien longtemps si j'en crois l'historien André Castelot. Évoquant le temps des réformes avortées de Turgot, il rappelle une chanson qui courait alors : « Enfin, la poule au pot va enfin être mise / On peut du moins le présumer / Car depuis deux cents ans qu'elle nous est promise / On n'a cessé de la plumer »...

Deux cents ans seulement ? Au demeurant, y a-t-il une « affaire » de la poule au pot ? Pour certains, il n'y aurait eu là qu'une légende reprise par Louis XVIII pour les besoins de sa cause restauratrice. Dans le très ancien *Guide bleu gourmand de la France*, qui devrait bien être réédité, on cite cependant les Mémoires de Mgr Hardouin de Péréfixe, ancien précepteur du Vert Galant, avec une réponse très obscure du roi de France au duc de Savoie : « [La France] me vaut ce que je veux ; parce qu'ayant le cœur de mon peuple, j'en aurai ce que je voudray, et, si Dieu me donne encore la vie, je ferai qu'il n'y aura point de laboureur en mon Royaume qui n'ait moyen d'avoir une poule dans son pot ». Ajoutant : « Et si je ne laisseray pas d'avoir de quoi entretenir des gens de guerre pour mettre à la raison tous ceux qui choqueront mon autorité. » Rien du mot historique et léché pour la démagogie comme pour la postérité.

Pour d'autres, la formule aurait été tirée de son contexte, avec un beau sens médiatique pour l'époque, par Sully afin de mieux faire passer un plan d'agriculture (déjà !) mis en place par Olivier de Serres, auteur du fameux *Théâtre d'agriculture* paru en 1600.

Le roi avait donc bien parlé de cette poule au pot, sans imaginer évidemment que l'Histoire allait en faire ses choux gras, d'autant qu'elle était déjà une vieille connaissance de la gastronomie médiévale. Le Moyen Age la préparait en hochepot, version plutôt ragoût, dans lequel on trouvait même des châtaignes ; mais il existait aussi une manière plus sophistiquée, en poule farcie, plus proche de la nôtre, tellement compliquée qu'on en a perdu la trace.

La poule au pot n'en a pas moins fait son chemin, plus bourgeoise que populaire, très en vogue au début du siècle, passant même plus tard par des velléités aphrodisiaques selon Curnonsky qui y ajoutait deux œufs frais pimentés à cet effet. Cela va faire bientôt un demi-siècle qu'on la pratique chez Paul Chêne à Paris en tradition héréditaire. Dans ce décor férocement cossu et provincial inventé pour ceux qui peuvent faire traîner tard leurs repas, elle donne une image replète et confortable de ce qu'a pu être la rente d'antan ou la Sicav réussie d'aujourd'hui. Elle a la discrétion de cacher ses moyens, est jouisseuse sans en avoir l'air, dissimulant ses ampleurs et ses richesses sous des apparences lisses et discrètement aristocratiques. Alors, royale ?... Peut-être.

RESTAURANTS à POULE AU POT à PARIS (p. 212)
et en RÉGIONS (p. 257)

RECETTE

Celle qui couronna Chêne

Pour 8 personnes : 2 poules de 1, 2 à 1, 5 kg.
Pour la garniture aromatique : 3 carottes, 2 oignons, 2 poireaux, thym, laurier.
Pour les légumes à tourner : 12 carottes, 10 navets, 1 boule de céleri, 4 poireaux.
Pour la farce : 300 g d'échine, 150 g de jambon de Parme, 2 œufs, 2 échalotes, 1 gousse d'ail, 3 branches de persil, sel, poivre, 100 g de gruyère, 1 feuille de papier d'aluminium.

Tourner les légumes et les réserver. Préparer la farce en hachant l'échine, le jambon de Parme, les échalotes, l'ail, le persil et incorporer les œufs, saler et poivrer. Rouler cette farce dans la feuille d'aluminium en lui donnant la forme d'un boudin. Réserver.
Cuire les poules dans 5 litres d'eau avec la garniture aromatique, sel et poivre, pendant 1 heure à 1 heure et quart environ.
Cuire à part dans de l'eau le « boudin » de farce dans son aluminium pendant 45 minutes.
Après cuisson aux trois-quarts des poules, prélever de l'eau de cuisson pour faire cuire à part les légumes pendant 20 à 30 minutes. La farce cuite, la « démouler », puis la couper en rondelles de 2 cm environ d'épaisseur et les faire infuser dans de l'eau de cuisson des poules.
Servir les poules entourées des légumes et de la farce avec éventuellement des croûtons poêlés garnis de gruyère. Le bouillon est servi à part dans une soupière.

(Recette de Paul Chêne, à Paris)

LE POULET MARENGO

Né au feu

Les guerres napoléoniennes auront même laissé un souvenir aux gastronomes : cette recette inventée sur le champ de bataille.

CAMPAGNE d'Italie, à Marengo, le 14 juin 1800 : pendant que d'autres se battent, Dunan, l'intendant de Bonaparte, s'inquiète. Les Autrichiens, qui décidément ne respectent rien dans l'art de la guerre, ont intercepté les cantines de ravitaillement de sa cuisine. Or le général, entre deux coups de canon, vient de se sentir une petite faim, et lui qui ne passe jamais plus d'un quart d'heure à table n'aime pas non plus attendre. Dunan va donc devoir faire vite avec ce qui lui reste : du pain, une volaille, des œufs, des tomates, de l'ail, des écrevisses et de l'huile.

L'historien Christian Guy raconte : « Il fit d'abord une panade à l'eau et à l'huile. Il fit revenir le poulet découpé dans cette même huile, frit ensuite les œufs avec l'ail et les tomates, rajouta un peu de cognac, puis posa les écrevisses sur le tout pour qu'elles cuisent à la vapeur. Le tout fut servi sur un plat d'étain avec les œufs frits et les écrevisses autour du poulet arrosé de sa sauce. » Ce qui n'était qu'un poulet sauté inspiré de la cuisine de Provence devint le poulet Marengo. Par la suite, l'Empereur le réclama souvent, sans doute et plus encore parce qu'il se mangeait vite et avec les doigts.

L'Histoire ne prétendant pas à la précision scientifique, on avance une autre anecdote. Ce même jour, Bonaparte félicite un jeune sergent : « Comment t'appelles-tu, mon brave ? — Capone, général, et je suis Corse. — Vilain nom pour un brave : à l'avenir tu t'appelleras Marengo. »

Trente ans plus tard, le sergent, devenu colonel, commande la place d'Alger. Il aime aussi faire la cuisine et particulièrement le lapereau, selon une recette proche de celle du poulet de Dunan. Lorsqu'on lui demande le nom de sa recette, il répond : « Lapereau à la Marengo. Pas plus que moi, il n'a eu peur d'aller au feu. » Encore faut-il aussi tenir compte du fait que sous le Directoire il y eut un restaurant de la rue Montmartre, A la Grâce de Dieu, qui servait un veau Marengo à partir d'une recette venue d'Algérie, de la ville de Marengo justement. Alors, Marengo-ci... Marengo-là...

Ce poulet a fait ensuite un assez beau parcours, de tables bourgeoises en tables de bistrot, avec ou sans écrevisses selon les moyens de la maison : goûteux, tout en saveurs chaleureuses, il a des accents rassurants et des allures de plat du dimanche. Pourtant, il a quasiment disparu des menus mais j'ai fini par en dénicher un à Paris, en plat du jour épisodique, à l'Étoile d'Or, le très bon et très chic restaurant de l'hôtel Concorde-Lafayette, le plus haut de la capitale. La bataille du Marengo n'est donc pas perdue.

RESTAURANTS à POULET MARENGO à PARIS (p. 213)
et en RÉGIONS (p. 258)

RECETTE

Avec ou sans écrevisses

Pour 4 personnes : 1 poulet fermier de 2, 5 kg environ, 6 tomates bien mûres, pelées et épépinées, coupées en dés, 12 écrevisses, 6 filets d'anchois, 6 gousses d'ail épluchées, 2 échalotes et 1 carotte épluchées et finement hachées, 1 bouquet garni, 6 cuillerées à soupe d'huile d'olive, 30 g de beurre, 1 verre de vin blanc sec, gros sel, sel fin, poivre, 1 pincée de sucre, farine.

Découper le poulet en 4-6 morceaux, les fariner, saler, poivrer. Faire revenir en cocotte dans la moitié de l'huile jusqu'à doré. Les retirer et réserver. Jeter l'excès de gras de la cocotte et remettre au feu. Dorer échalotes et carotte, verser le vin blanc et réduire à feu vif 5 minutes. Ajouter les tomates et le poulet et mouiller d'eau à hauteur.

Saler au gros sel, poivrer, sucrer et mettre le bouquet garni. Porter à ébullition et cuire 30 minutes à feu doux. Faire sauter et rougir les écrevisses dans le reste de l'huile à la poêle. Assaisonner, couvrir et cuire 5 minutes. Les égoutter et les réserver.

Passer ail et anchois au mixer. En fin de cuisson, disposer le poulet et les écrevisses sur le plat et garder au chaud. Passer le jus de cuisson au chinois en casserole, y ajouter la purée d'anchois, chauffer à feu doux, saler. Hors feu, monter au fouet la sauce au beurre, puis en napper le poulet.

(Recette d'après *La Nouvelle Cuisine familiale*, d'Irène Karsenty, éditions Denoël)

LA PURÉE

Selon M. Robuchon

Depuis l'an* III *de la République, on n'avait jamais aussi bien parlé de la pomme de terre.

ENFIN, voici M. Robuchon retrouvé ! Oublié le fâcheux millefeuille culinaire indûment baptisé « livre » selon une formule très faillible — une recette, douze pages blanches, une recette, douze pages blanches, etc. — qu'il avait cru devoir commettre et qui avait bien de quoi nous décevoir tant c'était indigne de son nom. S'appuyant sur une des pierres angulaires de sa réputation, une purée, « sa » purée qui bouleverse et émeut toujours avec quelque raison l'élite gourmande fréquentant son restaurant de luxe, et soutenu par la caution nutritionniste de Patrick Sabatier, médecin spécialiste réputé travaillant en collaboration avec le Comité national interprofessionnel de la pomme de terre, il nous donne un excellent livre : *Le Meilleur et le plus simple de la pomme de terre* (par Joël Robuchon et Patrick Sabatier, éditions Robert Laffont). 100 recettes (je souligne trois fois) remarquables et 70 illustrations dont de superbes photos d'Hervé Amiard et de Florence Mouton dont je me demande pourquoi ils n'ont pas signé en couverture.

Un communiqué de presse annonce donc emphatiquement : « Pour la première fois un grand chef consacre tout un livre à la pomme de terre. » Ciel, voici encore Robuchon presque trahi par le zèle de ceux qui veulent le servir. Car il y a deux siècles, le 27 frimaire de l'an III, soit le 27 novembre 1794, paraissait un des rares ouvrages culinaires du nouveau régime, *La Cuisinière républicaine*. La préface en est claire : « La simplicité et l'économie ont dirigé l'éditeur dans le choix des manières d'accommoder les pommes de terre [...] pour en étendre leur consommation en la variant par des apprêts simples et faciles. » Certes Mme Mérigot, l'auteur, n'a pas laissé beaucoup de traces de sa célébrité en cuisine, mais elle n'en pas moins été la première : cela dit, il y a largement prescription, d'autant qu'elle était de surcroît libraire et éditeur. Elle ne devait pas manquer non plus d'opportunisme, car, disette aidant, elle récupérait le vain essai de cette pauvre patate de Louis XVI qui, séduit par Parmentier, avait tenté de faire adopter le légume par son bon peuple. Une tentative que Robuchon et Sabatier rappellent dans un précis historique et savant de la pomme de terre particulièrement bien documenté. Il ne manque en vérité que cette bonne Mme Mérigot : un doryphore a dû la dévorer en route.

« Le meilleur de la pomme de terre » ? A l'évidence, il est là. Passant bien sûr par les références des terroirs régionaux : Bresse, Dauphiné, Roquefort, Ardennes, Comté, Lyon, Caux et autres, glissant même vers l'étranger de Bayreuth à la Hongrie, récupérant les plats grands bourgeois — Darphin ou Darblay —, Robuchon ratisse large. Il impose sa manière, ses subtilités, son immense talent. Pratique il n'oublie rien, surtout pas le type de pomme de terre à choisir, tandis que les notes du Dr Sabatier donnent une bonne conscience nutritionnelle. Avec eux, on finirait par ne plus faire que des repas tout pomme de terre. « Le plus simple de la pomme de terre » ? A lire quelques recettes on en douterait. Mais faire simple n'est-il pas la plus grande sophistication et de la plus grande difficulté ?

P.-S. : Pour mémoire et pour en savoir plus long sur l'« inventeur » de la pomme de terre, un ouvrage passionnant : *Parmentier* d'Anne Muratori-Philip, chez Plon.

RESTAURANTS à PURÉE DE POMMES DE TERRE
à PARIS (p. 214) et en RÉGIONS (p. 258)

RECETTE

Le monument de sa purée

Pour 6 personnes : 1 kg de pommes de terre (rattes ou BF 15), 250 g de beurre, 20 à 30 cl de lait entier, gros sel de mer.

Laver les pommes de terre en peau. Les mettre entières dans une casserole et les couvrir d'eau froide jusqu'à 2 cm au-dessus. Saler à raison de 10 g par litre d'eau. Cuire à couvert à tout petit bouillon pendant 20 à 30 minutes jusqu'à ce que les pommes de terre soient facilement traversées par la lame d'un couteau, les égoutter, les peler encore tièdes. Passer au moulin à légumes, grille la plus fine. Faire légèrement dessécher la purée sur le feu en la remuant avec une spatule de bois pendant 4 à 5 minutes. Incorporer petit à petit le beurre très froid, bien dur et coupé en morceaux en remuant énergiquement pour la rendre lisse et onctueuse. Faire bouillir le lait et l'incorporer très chaud, en petit filet, en mélangeant jusqu'à ce qu'il soit absorbé. Servir en garniture.

(Recette de Joël Robuchon, à Paris)

LA QUENELLE

Une farce à prendre très au sérieux

Inséparable du brochet, elle fait partie de la cuisine lyonnaise légendaire. Mais déjà, sous Héliogabale...

CE n'est pas demain qu'on pêchera un brochet de la taille de celui qu'on sortit de l'eau à Kaiserslautern, en 1749 : il pesait 175 kg pour 6 mètres de longueur ! Que je sache, nos princes n'en maintiennent pas non plus dans leurs viviers comme Charles IX au Louvre, qui en avait apprivoisé un et l'avait nommé Lupul. Un nom issu tout droit de son appellation médiévale de *luz* ou « grand loup d'eau ». Une réputation qui tint jusqu'à la fin du siècle dernier puisqu'on raconte qu'alors, dans certains lacs allemands, on en pêchait d'une vingtaine de kilos dans l'estomac desquels on trouvait des canards entiers ! Allez donc vous étonner qu'un peu plus tôt le célèbre gastronome Grimod de La Reynière ait souligné cette voracité en traitant le brochet d'« Attila des rivières et des étangs ». Le monde d'aujourd'hui l'a presque fait disparaître et n'en est plus à le chasser au fusil comme le montre une gravure de l'époque dite romantique. I1 en reste d'ailleurs si peu que je me demande bien de quoi sont faites les séries de quenelles sous vide débitées dans le commerce.

Pourtant, si la quenelle n'est plus la raison d'être des meilleurs restaurants lyonnais, après avoir fait longtemps leur gloire, on n'en a pas tout à fait perdu la trace dans les restaurants, même à Paris. Il aurait été dommage qu'elle ait été oubliée après dix-huit siècles d'existence au moins : l'empereur romain Héliogabale, entre deux extravagances de sa prêtrise solaire, l'aurait en effet inventée. Sous quel nom, puisque certains soutiennent que son origine, fort postérieure, vient de l'anglo-saxon *knyll*, qui signifie piler. D'ailleurs il s'applique aussi aux farces de viandes, de volailles.

On en trouve encore chez Gérald Goutagny, dont le restaurant maintient à Paris, à côté d'une belle carte très contemporaine, une seconde carte, admirablement lyonnaise (salade de clapotons, tablier de sapeur, saucisson chaud, salade lyonnaise, coq au vin, etc.), tenant en place de fabuleuses quenelles de brochet. Un rien suffirait pour basculer dans le lyrique pompier : rondeurs dont on devine déjà en flânant du nez les douceurs faussement innocentes, diaboliques par les frémissements tentateurs d'une sauce en éruption de feu et d'odeurs... Ça suffit. On ne mangerait qu'elles !

RESTAURANTS à QUENELLE à PARIS (p. 214) et en RÉGIONS (p. 259)

RECETTE

Des œufs, des œufs, et du lait

Pour 12 quenelles, soit 6 personnes : 1 miche de pain de campagne d'1 kg, 30 œufs, 800 g de chair de brochet, 800 g de beurre pommade, 1/2 litre à 1 litre de lait, sel, poivre, farine.

Ôter la mie de pain et la couper en morceaux, puis les mettre en casserole à feu doux pendant une demi-heure en incorporant 14 œufs. Cela donne une panade. Aller jusqu'à son dessèchement, même jusqu'à « accrocher ». Une fois la panade bien rassemblée, la mettre à refroidir dans un plat creux. Hacher très fin la chair de brochet, puis l'incorporer dans la panade refroidie en y ajoutant les blancs de 8 œufs, 20 g de sel et de poivre. Laisser reposer un peu, puis incorporer lentement 2 par 2 les 8 œufs restants et le beurre. Quand le tout est bien émulsionné, mettre au réfrigérateur durant 2 heures. Tenir une casserole d'eau en ébullition. Sortir l'appareil du réfrigérateur, former les quenelles en forme de saucisson à fariner légèrement.
Pocher ensuite ces quenelles 10 à 15 minutes à l'eau bouillante, puis les retirer à l'écumoire et les placer dans un plat très creux. Préparer une sauce nantua (c'est une sauce béchamel réduite additionnée du double de son volume d'une cuisson d'écrevisses ou de langoustines et d'autant de crème) et en napper les quenelles aux trois-quarts de leur hauteur. Cuire à four 250°. Dorer pendant 20 minutes, retirer du four et servir.

(Recette de Gérald Goutagny du restaurant Bellecour, à Paris)

LE RISOTTO

Ou les riz en majesté populaire

Manne salvatrice des peuples affamés, le riz, en devenant risotto, bascule alors dans la haute gourmandise rare.

LORSQUE Charles-Maurice de Talleyrand-Périgord, partant pour le congrès de Vienne disait au roi Louis XVIII : « Sire, j'ai plus besoin de casseroles que d'instructions », il n'en inventait pas pour autant la diplomatie culinaire. Déjà un cardinal italien, Giulio Alberoni, ministre du roi d'Espagne Philippe V après avoir été l'intermédiaire de son mariage avec Élisabeth Farnèse, s'était fait une réputation avec cette méthode. Diplomate, il profitait de ses fonctions pour faire connaître les produits de sa ville natale Piacenza, fromages et charcuteries. On lui devrait même une recette que d'aucuns prétendent de macaronis alors qu'elle était celle d'un risotto.

On pourrait s'étonner de cette attention d'un seigneur pour le riz, céréale on ne peut plus modeste tant elle est une nourriture première et seule providence des affamés. Encore qu'apparu il y a quelque 5 000 ans en Chine, ses rizières étaient sous le contrôle direct de l'empereur. Elle mit longtemps à arriver jusqu'en Europe, dans les fourgons d'Alexandre le Grand retour de l'Inde. Certains soutiennent que ce sont des marchands arabes qui l'acclimatèrent en Égypte et qu'elle finit par nous parvenir via l'Espagne. A son propos, on fut souvent partagé : si les médecins de la Rome antique prescrivaient l'eau de riz dans le cas de désordres intestinaux, ceux de notre Moyen Age croyaient à la nécessité de compenser cette astringence par du lait d'amande. On l'utilisait aussi beaucoup pour la toilette. Il faudra que Sully en ordonne la culture pour que la France s'y fasse un peu plus et, au XVIIIe, on le trouve enfin souvent en cuisine, sous forme de soupes d'abord, maintenant là sa vocation populaire.

Pourtant, au XIXe, comme pour prouver son universalité sociale, la cuisine bourgeoise s'en empare pour ses desserts, faisant même une institution du riz au lait. Reste le risotto cher au cardinal Giulio Alberoni. Il avait compris que le riz, dans ses simplicités, après s'être repu de bouillon riche, pouvait servir de couche et de lit aux voluptés d'autres produits beaucoup plus rares, faisant la joie des privilégiés tout en leur donnant la bonne conscience de manger simple. Lui le faisait garnir de langoustines et de sauce béchamel. Depuis, on a fait beaucoup plus et beaucoup plus riche : crêtes de coq, foies blonds de volaille, cailles, champignons mais plus encore truffes, chipolatas, fruits de mer. Avec un joli sens de la provocation, Pascal Fayet, qui a fait du Sormani le plus ravissant des restaurants italiens de Paris, où la cuisine s'y révèle la plus fine, a choisi le risotto aux légumes de printemps selon une dualité toute simple et inquiétante de subtilité tant sa recette va d'elle-même et tant on la sent pourtant instinctive : la cuisson du riz se juge à l'œil, à l'instant, et la nuance exacte du crémeux du risotto y paraît si délicate à saisir...

RESTAURANTS à RISOTTO à PARIS (p. 215) et en RÉGIONS (p. 260)

RECETTE

Ni crémeux, ni pâteux

Pour 6 personnes : 300 g de riz Arborio (épiceries italiennes), 300 g de chacun des légumes suivants — courgettes, aubergines, artichauts, poivrons, épinards, champignons (morilles si c'est la saison), 2 litres de bouillon de volaille, 2 cuillerées à soupe de purée de tomates fraîches, 1 cuillerée à soupe de persil haché, 100 g de beurre, 50 g de parmesan non râpé, sel et poivre du moulin.

Couper les légumes en dés et les cuire chacun à part dans de l'eau bouillante salée jusqu'au croquant. Égoutter et réserver au chaud. Mettre le riz dans une casserole profonde et le chauffer à feu modéré en remuant. A chaud, couvrir de bouillon et ajouter la purée de tomates, puis cuire à feu doux pendant 5 minutes. Compléter ensuite avec les légumes et cuire de 10 à 15 minutes à feu moyen. Avoir l'œil sur le grain, le tâter souvent du doigt et de la dent, et ôter du feu dès qu'il est « al dente ».
Laisser reposer pour que le riz absorbe le liquide, ce qui va le faire presque doubler de volume. Ajouter en même temps le beurre, le persil, râper un tiers du parmesan au-dessus, saler, poivrer et mélanger doucement. Servir au moment délicat où le riz s'inscrit « crémeux » (s'il l'est trop, c'est qu'il n'a pas assez absorbé de bouillon). Ne jamais mouler mais le présenter simplement dans une assiette creuse peu profonde légèrement garni du parmesan restant râpé à l'instant.

(Recette de Pascal Fayet du restaurant Sormani, à Paris)

LA SALADE DE POMMES DE TERRE

Parfois théâtrale

Il n'aura pas fallu moins que les deux* Dumas, *Alexandre père et fils, pour lui faire passer la rampe, au propre comme au figuré.

A force d'en faire trop, Alexandre Dumas finissait quelquefois par ne plus en faire assez. Dans son *Grand Dictionnaire de cuisine* dont on discute parfois les extravagances, du pied d'éléphant à la hure de babiroussa*, il expédie la salade de pommes de terre en quelques lignes lapidaires : « Vos pommes de terre cuites à l'eau et refroidies, vous les coupez en tranches et les assaisonnez comme une salade en ajoutant quelques fines herbes. » Tout y est bien sûr, mais sans doute était-il ce jour-là pressé par la livraison d'un épisode des *Trois Mousquetaires*. Car il avait un point de vue nettement plus précis quant à l'assaisonnement. D'ailleurs il concluait souvent ses soupers en tête à tête avec Melle Mars, la comédienne, en préparant lui-même la salade, sans négliger bien sûr de la commenter : « Il faut que vous sachiez que M. Chaptal — le chimiste — est le premier en France à avoir eu l'idée de saturer la salade d'huile, de sel et de poivre avant d'introduire le vinaigre, car c'est une erreur de croire que le sel et le poivre se dissolvent dans le vinaigre. Ainsi trouve-t-on dans la méthode Chaptal le double avantage de répartir plus exactement le sel et le poivre et de réunir au fond du saladier l'excédent de vinaigre qui s'y précipite de son propre poids. » Ah, ces écrivains et ces savants !

Un Dumas en cachant toujours un autre, le fils alla plus loin en faisant entrer la salade de pommes de terre au répertoire de la Comédie-Française le 9 janvier 1887 avec sa pièce *Francillon*. A-t-on jamais rejoué depuis une recette sur une scène ? Elle n'en est donc que plus notable à retenir.

Sur scène, Annette la gouvernante et Henri le jeune premier :

« Annette. — Vous faites cuire des pommes de terre dans du bouillon. Vous les coupez en tranches comme pour une salade ordinaire, et pendant qu'elles sont encore tièdes, vous les assaisonnez de sel, poivre, très bonne huile d'olive à goût de fruit, vinaigre...

Henri. — A l'estragon !

Annette. — L'Orléans vaut mieux, mais c'est sans importance. L'important, c'est un demi-verre de vin blanc, château-yquem si possible, beaucoup de fines herbes hachées menu. Faites cuire en même temps au court-bouillon de très grosses moules avec une branche de céleri. Faites-les bien égoutter et ajoutez-les aux pommes de terre.

Henri. — Moins de moules que de pommes de terre ?

Annette. — Un tiers au moins. Il faut que l'on sente peu à peu la moule. Il ne faut ni qu'on la prévoie, ni qu'elle s'impose. Quand la salade est terminée, remuez légèrement : puis recouvrez de rondelles de truffes... une vraie calotte de savant.

Henri. — Des truffes cuites au vin de Champagne ?

Annette. — Cela va sans dire. Tout cela deux heures avant de dîner pour que cette salade soit bien froide lorsqu'on la servira.

Henri. — On pourrait entourer le saladier de glace...

Annette. — Non, non, non ! Il ne faut pas la brusquer : elle est très délicate et tous ses arômes ont besoin de se combiner tranquillement. »

Yquem, truffes... on nage en pleine simplicité et c'est pour le moins théâtral et fastueux.

* Le babiroussa, cousin du sanglier, dont les 4 cornes faisaient dire à Dumas père que c'était un « veuf remarié ».

RESTAURANTS à SALADE DE POMMES DE TERRE à PARIS (p. 216)
et en RÉGIONS (p. 261)

RECETTE

Avec des truffes... évidemment

Pour le cas où la recette de M. Dumas serait insuffisante...

Pour 2 personnes : 200 g de pommes de terre BF 15 (à la chair ferme et au léger goût de châtaigne) ou Belle de Fontenay, 100 g de truffes fraîches, ou, selon la saison, conservées selon la manière dite de première ébullition (qui leur garde toute leur saveur), 2 cuillerées à soupe de vin blanc sec, 2 cuillerées à soupe d'huile de noix ou noisette, 2 cuillerées à soupe d'huile d'arachide, 1 cuillerée à soupe d'huile d'olive, poivre au moulin et gros sel au moulin, 1/2 cuillerée à bouche de gros sel, 2 tranches de pain à griller, 50 g de beurre demi-sel.

Cuisson des pommes de terre : laver les pommes de terre, les cuire 20 minutes avec leur peau dans une eau frémissante salée de la demi-cuillerée à bouche de gros sel. Les égoutter et les réserver.
Préparation de la sauce : mettre dans un saladier un demi-tour de moulin à poivre, 1 tour de moulin à sel, ajouter le vin blanc et l'ensemble émulsionné des huiles. Mélanger.
Finition de la salade : éplucher les pommes de terre encore tièdes, les couper en rondelles de 2 mm d'épaisseur et couper les truffes à la même épaisseur. Les mélanger à la sauce et remuer doucement. Servir avec le pain grillé tartiné de beurre demi-sel.

(Recette de Daniel Bouché du Petit Montmorency, à Paris)

LA SAUCE AU BEURRE BLANC

Un raté qui a réussi

Les chefs la tentent peu tant ils craignent sa simplicité et peut-être aussi parce qu'elle est « l'invention » d'une cuisinière maladroite.

« VOUS ne pouvez pas savoir comme il est susceptible. Une seconde d'inattention et, hop, c'est fini [...] Il y a des moments, comme cela dans la vie... Mais alors, là, c'est terminé, c'est fichu. Vous savez, Monsieur, tout se rattrape. Le beurre blanc, jamais ! » Pendant des dizaines d'années, celle qui parlait ainsi, la Mère Michel, a été grande prêtresse du beurre blanc dans son bistrot de la rue Rennequin à Paris, qu'elle avait ouvert dans les années 30. Or il y a un quart de siècle seulement qu'elle fit cette déclaration d'amour au *Guide bleu gourmand de la France*. Comme quoi le beurre blanc est déjà une vieille affaire culino-culinaire. On a même fêté son centenaire en 1987 : à l'occasion, la très officielle Agence française de presse publiait un communiqué en faisant l'historique, et de préciser : « Le beurre blanc nantais est né d'une recette d'une jeune cuisinière, Clémence Lefeuvre, née le 20 mai 1860 au lieu-dit de La Chebuette près de Saint-Julien-de-Concelles, sur les bords de la Loire. Elle tenait sur la Divatte, la route de digue rive gauche du fleuve, un estaminet fréquenté par les mariniers et les pêcheurs, où l'on mangeait surtout du poisson blanc bouilli accompagné d'une sauce au beurre fondu, relevé d'un filet de vinaigre. Un jour, selon le petit-fils de Clémence, elle fit goûter son plat à des messieurs distingués qui le trouvèrent fort bon mais trop relevé. Elle y ajouta alors de l'échalote et du poivre blanc. Ce fut la naissance du beurre blanc nantais qui compta parmi ses admirateurs Aristide Briand, lui-même d'origine nantaise. Clémence Lefeuvre mourut en 1932. »

L'Histoire n'étant pas une science exacte, on soutient par ailleurs que « l'invention » du beurre blanc fut plutôt, du fait de la même Clémence, le résultat d'une gaffe, d'une erreur, d'un accident, comme souvent en matière de cuisine. En réalité, au début du siècle, Clémence, avant de devenir aubergiste, était la cuisinière particulière de M. le marquis de Goulaine. A son habitude, lui préparant des brochets, elle voulut les accompagner d'une sauce béarnaise traditionnelle. Alors qu'il la pressait pour satisfaire des invités affamés, elle oublia l'estragon et l'émulsion de jaune d'œufs. Curieux et plutôt bon prince, le Marquis aima et baptisa cette nouvelle préparation « beurre blanc ».

La table de Goulaine était réputée, on en parla beaucoup et les cuisinières de l'Anjou voisin soutinrent qu'elles le pratiquaient depuis longtemps et que leur beurre blanc était celui de la Poissonnière dans les faubourgs d'Angers. Se souvenant de son passé de chroniqueur politique, Jean Ferniot, auteur gourmet aussi, met tout le monde d'accord en disant la recette ligérienne. D'ici ou d'ailleurs et d'à côté, le beurre blanc n'en est pas moins le sauveteur du poisson à la chair un peu neutre (brochet et saumon surtout), qu'il sublime avec une subtilité rare et pointue, profonde et enthousiaste. La délicatesse de sa préparation relève de ce coup de main instinctif, quasiment maternel et de patience, qui est en général celui des femmes.

RESTAURANTS à SAUCE AU BEURRE BLANC à PARIS (p. 217)
et en RÉGIONS (p. 261)

RECETTE

Surtout sans faire bouillir le beurre

Pour 4 personnes : 4 échalotes, 1/2 litre de vinaigre, 500 g de beurre demi-sel, un tiers de litre de court-bouillon de poisson, sel et poivre du moulin.

Émincer très finement les échalotes. Couper le beurre — très froid — en petits dés.

Mettre les échalotes dans une casserole avec le vinaigre et le court-bouillon, poivrer, saler. Réduire des deux tiers. A réduction terminée, écarter la casserole du feu, la mettre au bain-marie, y jeter le beurre d'un seul coup et battre énergiquement au fouet (ou à la cuillère en bois) jusqu'à l'obtention d'une pommade bien lisse.

Revoir l'assaisonnement. Passer ou non à l'étamine. Verser dans une saucière tiédie à l'eau chaude et maintenir au bain-marie jusqu'au moment de servir en nappant le poisson.

Bis : le beurre ne doit jamais bouillir !

(Recette du restaurant Clémence à La Chebuette)

LA SAUCE BÉARNAISE

Elle ne doit rien au Béarn !

Mère de toutes les sauces, elle est née, comme les pommes soufflées, à Saint-Germain-en-Laye, sans même en prendre le nom.

ÉTALÉ au-delà du promontoire agité des tours de la Défense, Paris n'en fait pas trop à l'horizon et se montre même un peu brouillon : du bord de la terrasse historique de Saint-Germain-en-Laye accolée à sa forêt, il est à croire que les siècles prennent soudain le temps et le donnent au flâneur qui se plaît à imaginer le passé composé des lieux. Il y eut là un château de rêve avec des jardins dignes, soutient-on, de ceux de Babylone : Henri IV, qui en avait été le bâtisseur, annonçait apparemment Louis XIV et Versailles. Or de l'ensemble décidé par Henri IV il ne reste pas grand-chose, le tout ayant été rasé par d'Artois, frère de Louis XVI. Une vague pudeur l'obligea sans doute à conserver le petit pavillon dans lequel Louis XIV naquit et contre lequel s'appuie le Pavillon Henri IV, devenu hôtel en fin de parcours historique entre des murs à l'âge incertain couverts d'un lierre cachant pudiquement une architecture elle aussi incertaine. Le lieu a été bien fréquenté depuis le XIXe par une fort belle clientèle : Alexandre Dumas y a écrit une partie des *Trois Mousquetaires* et il est certain qu'Offenbach en aimait l'atmosphère puisqu'il y composa quelques opérettes. L'Histoire continua à s'y faire puisque le sultan Mohammed V y obtint l'indépendance du Maroc au retour de Madagascar. Pour sa part, la petite histoire de la cuisine y est passée aussi par la parenthèse de l'invention (accidentelle) des pommes soufflées lors d'un banquet offert à Louis-Philippe. Or c'est dans ce même lieu décidément marqué que fut vraisemblablement réalisée la première sauce béarnaise, dans les années 1830, par Collinet, alors chef et propriétaire du restaurant installé là. Il se serait inspiré d'une recette proche dénichée dans *La Cuisine des villes et des campagnes*, un recueil de 1818. Accompagnant viandes et poissons grillés, elle fit un succès auprès des clients célèbres : son goût pointu et enveloppé pourtant, son moelleux lisse et odorant plurent. Comme Collinet était originaire du Béarn, on la baptisa « béarnaise », sans plus chercher, et Henri IV n'y est pour rien non plus. Certains Béarnais soutiennent cependant qu'avec de l'huile en place du beurre, c'est bien de chez eux. On ne lui imaginait pas un tel avenir et moins encore qu'elle allait donner naissance, avec quelques éléments en plus, à toute une famille saucière : l'arlésienne, la Choron, la Foyot, la paloise, la tyrolienne, la Valois, et même, avec quelque chose en moins, au beurre blanc. Comme toutes les préparations simples, elle est terriblement délicate à élaborer : un coup de main, le coup de main s'impose. Exercice de style parfait, elle se fait trop rare, se disant trop riche : ne serait-ce pas plutôt parce qu'elle est trop difficile à réussir ?

RESTAURANTS à SAUCE BÉARNAISE à PARIS (p. 218)
et en RÉGIONS (p. 262)

RECETTE

Ne jamais la réchauffer

Pour 4 personnes : 125 g de beurre coupé en petits dés, 2 jaunes d'œufs, 12 dl de vin blanc, 12 dl de vinaigre, jus d'un petit quartier de citron, 1 grosse cuillerée à soupe d'échalotes hachées, 2 cuillerées à soupe de cerfeuil et d'estragon hachés, 1 cuillerée à soupe de cerfeuil et d'estragon ciselés, 1 brin de thym, 1 fragment de feuille de laurier, sel, poivre de Cayenne, 1 cuillerée à soupe d'eau.

Mettre dans une casserole le vin blanc, le vinaigre, l'échalote, 2 cuillerées à soupe de cerfeuil et d'estragon hachés, le thym, le laurier, saler et poivrer légèrement, faire réduire des 2/3 puis laisser tiédir. A part, crever les jaunes d'œufs et les mélanger avec l'eau, puis les ajouter dans la casserole à feu très doux et monter au fouet. Dès que les jaunes ont épaissi, ajouter, sans cesser de fouetter, le beurre par petites quantités jusqu'à bonne consistance, puis repoivrer légèrement et ajouter quelques gouttes de jus de citron avant de compléter par la cuillerée à soupe de cerfeuil et d'estragon ciselés, puis mélanger. La sauce béarnaise se garde au bain-marie jusqu'au service à table. Ne jamais tenter de la réchauffer si elle a refroidi.

(Recette du restaurant Pavillon Henri IV, à Saint-Germain-en-Laye)

LA SAUCE BÉCHAMEL

Très aristocratique

Abâtardie par des générations de chefs, elle revient à ses origines : on ne fait pas plus facile.

MANCHETTES de dentelles retroussées, penché sur une marmite, Louis de Bechameil, marquis de Nointel, chantonne : « Du vin, de l'huile, du citron / Coriandre et la rocambole / Dans ce ragoût à l'espagnole / Le tout ensemble sera bon. » Décidément, il l'aime, cette auberge de La Guerbois, dans le nouveau quartier de la butte Saint-Roch à Paris. Il s'y encanaille même jusqu'à y donner des cours de cuisine selon ses propres recettes qu'il n'hésite pas à mettre en vers et en musique.

Considérablement riche d'une fortune douteuse qu'il dépense à table et en œuvres d'art, il s'est acheté la charge de maître d'hôtel de Sa Majesté Louis XIV à qui il plaît. Saint-Simon le dit « d'un parler fade et ennuyeux qui le fait surnommer Bec à miel ». Sa liaison avec une femme réputée comme méchante mauvaise langue, fait dire d'eux : « Bec à miel sur Bec à fiel ». Il lui reconnaît néanmoins le goût d'« une chère délicate et choix en mets et compagnie », ce qui irrite certains, à commencer par le duc d'Escars.

Ne déclare-t-il pas à son sujet : « J'avais fait servir des émincés de volaille à la crème cuite depuis plus de vingt ans et pourtant je n'ai jamais eu le bonheur de donner mon nom à la moindre sauce ! » Pour le moins désabusé, dépité et excédé, aussi perfide que Saint-Simon, M. le Duc n'envoie pas dire que cette sauce dite « à la Bechameil » ne représente rien de nouveau sous le soleil, fût-il royal. Il n'y aurait eu là que le perfectionnement d'une sauce ancienne, seulement dédiée à Bechameil par un de ses cuisiniers ; et si les Mémoires de la marquise de Créqui lui en attribuent la paternité, il ne faut pas oublier qu'on les soutient totalement apocryphes.

Toujours est-il que la « bechameil » naquit réellement à cette époque : devenue « béchamel » (ou béchamelle) avec le temps, elle fut engrossée et alourdie par la suite de farine et de beurre jusqu'à en faire une lourde caricature de sauce. Une de ces sauces devenues indignes et que la nouvelle cuisine balaya à juste titre. Pourtant on revient à ce qu'elle fut, à ses simplicités toutes premières dont les onctueux enveloppants, dans lesquels le palais se vautre comme dans un nuage, reparlent enfin de plaisirs lascifs. Les grands chefs l'osent à nouveau pour les amateurs qui savent.

RESTAURANTS à SAUCE BÉCHAMEL à PARIS (p. 218)

RECETTE

A l'ancienne, donc sans farine

Une préparation superbe pour œufs mollets, pâtes, gnocchis, légumes, rétablie il y a quelques années par André Guillot, le magicien de l'Auberge du Vieux Marly (à Marly-le-Roi) et fameux défenseur de la cuisine traditionnelle d'épure.

Pour 4 personnes : 30 cl de crème fleurette, 4 cl d'eau, 1 pincée de mignonnette (ou poivre blanc concassé), 1 râpure de muscade, 1 pincée de sel et quelques tours de moulin à poivre.

Dans un récipient très large, faire réduire l'eau de moitié avec la mignonnette. Ajouter la crème fleurette, le poivre, la muscade, le sel. Faire réduire rapidement à la plus grande puissance de feu possible, jusqu'à ce que la crème se lie, soit environ 6-7 minutes. Attention, en bouillant, la crème monte comme du lait ! Servir immédiatement, sinon la sauce tournera.

(Recette recueillie dans *L'Art des sauces*, chez Lanore)

LA SAUCE BOLOGNAISE

Symbole d'une ville

De son vrai nom* ragu classico bolognese, *inventée bien sûr à Bologne, enregistrée par-devant magistrat, elle règne autour du monde.

BEAUTÉ irrésistible, définitivement perverse et ambiguë que celle de Bologne : elle est pire que le Janus bifrons des Romains, car elle avoue trois visages et joue sans doute de beaucoup plus. Elle met dans sa poche les intellectuels et les philosophes avec ses convulsions politiques séculaires et une université qui se veut la plus ancienne d'Europe. Elle envoûte les esthètes par la beauté diffuse et confuse d'une architecture multiple d'ocre et de miel posant ses volumes sur des kilomètres d'arcades autant qu'au plus haut de tours de vanité rescapées de l'époque médiévale, cela sans compter des signatures de peintres et de sculpteurs comme Morandi et Jean de Bologne. Enfin elle se réclame d'une grande bouffe épique qui dure depuis des siècles, jusqu'à l'avoir fait surnommer la « grassa », les titres de « dotta » (la savante) et de « turrita » (aux tours) lui étant donc venus naturellement.

Grassa et comment ! On y a imaginé la mortadelle vers le XVIIe, les tortellini il y a mille ans, établi avec beaucoup d'humour un étalon pour mesurer la tagliatelle (8 mm de large et 8 cm de long), correspondant à la 1 200e et à la 12 000e partie des 96 mètres de hauteur d'une tour penchée dite l'Asinelli. Cela sans compter une belle collection de charcuteries et la somme tout de même respectable de 156 pains différents. D'autres auraient repris leur souffle au fond de leur cuisine mais elle n'a pu s'empêcher d'y ajouter un « ragu classico » qui n'est autre que la sauce bolognaise, laquelle a fait, comme la mortadelle, le tour du monde jusqu'à finir parfois, hélas, en boîte : raison de plus pour en apprendre la recette, somme toute très facile. Elle y tient tellement à cette recette que, il y a quelques dizaines d'années, une bande de gloutons en a fait consigner les détails chez un notaire, se donnant l'opportunité de faire un banquet de plus. Nulle idée de dépôt comme pour un brevet — ils étaient trop intelligents pour prétendre à une telle sottise, juste digne de quelques chefs français mégalomanes —, seulement une générosité en forme de conseil pour qui veut la réussir en profitant de quelques siècles d'expérience. D'humour aussi, puisque les étudiants bolognais, pendant leur Mai-68, parlaient de « marxismo al ragu ».

RESTAURANTS à SAUCE BOLOGNAISE à PARIS (p. 219)

RECETTE

Par-devant notaire

Pour 4 personnes : 300 g de viande hachée, 150 g de lard gras coupé en petits dés, 2 carottes et 1 oignon épluchés et émincés, 1 branche de céleri émincée, 5 cuillerées à soupe de sauce de tomates fraîches, 20 cl de vin blanc sec, 1 verre de lait entier, 10 cl de bouillon, 100 g de crème fraîche, sel et poivre noir.

Faire fondre le lard à feu doux dans un poêlon. Après 5 minutes, ajouter les légumes et faire revenir doucement. Puis mettre la viande en salant et poivrant légèrement. Mélanger le vin, la sauce tomate et le bouillon, puis verser dans le poêlon. Mijoter à petits bouillons 2 heures en ajoutant petit à petit le lait. Rectifier l'assaisonnement en final. Avant le service, on peut ajouter la crème si on désire adoucir la sauce, mais c'est discuté par les puristes.

(Recette du restaurant Stresa, à Paris)

LA SAUCE MAYONNAISE

Elle tourne en rond autour de sa naissance

Elle s'inscrit à l'ordinaire de valeureux soldats des guerres en dentelles.

Au soir de la bataille d'Arques (1589) Henri IV n'envoya pas dire à son vieil ami et complice des champs de guerre Louis Balbis de Berton, lieutenant-colonel-général et duc de Crillon, qu'il avait raté quelque chose. Le ton était mi-figue mi-raisin si j'en crois la plaque en marbre gravée qui reprend le phrasé royal sur les murs du salon de l'hôtel Crillon : « Pends-toi, brave Crillon, nous avons combattu à Arques, et tu n'étais pas là... » Il a dû se sentir plutôt chagrin à recevoir un billet doux aussi ambigu : à l'époque on perdait une rente et on se retrouvait en exil pour moins que ça. J'espère néanmoins que le bon roi, sur l'élan a dicté à son secrétaire un petit mot de remerciement pour le cuisinier du duc de Mayenne à qui il venait de flanquer une pâtée mémorable et à propos duquel on soutient qu'il dut sa défaite à sa gourmandise. Pris d'une petite faim avant de se mettre en route pour le combat, il aurait demandé quelques viandes froides à ses cuisines : pour accompagner deux poulets, le chef imagina une sauce froide à base d'huile et de jaune d'œuf, qu'il baptisa immédiatement la « mayennaise », pensant que Monseigneur apprécierait l'attention. Le duc la trouva bonne, en mangea beaucoup et dut en abuser : plusieurs fois au cours de l'affrontement, il dut mettre pied à terre pour soulager sa tripe en débâcle. Cela fait désordre lorsqu'on mène une bataille du haut de son cheval... Et ce fut la déroute.

Version hautement contestée de l'invention de la mayonnaise.

Une bataille en supposant toujours une autre, ce serait à la suite de la prise de Port-Mahon (aux Baléares), trente-trois ans plus tôt par le duc de Richelieu, que son intendant des cuisines aurait fait tourner cette même sauce en la nommant la « mahonnaise » lors du banquet offert par la municipalité de Marseille à son retour. Faux, soutiennent les habitants de Bayonne qui se réclament d'une sauce semblable bien antérieure, la « bayonnaise ». Carême pensa mettre tout le monde d'accord en en appellant à une préparation médiévale similaire, la « magnonnaise » en dérivé du verbe *manier*. Tenant lui aussi de l'origine moyenâgeuse, Prosper Montagné, grand cuisinier de la fin du siècle dernier, évoque une « moyeunaise » et s'appuie sur le fait que le jaune d'œuf se disait alors *moyeu*. Cette incertitude explique peut-être pourquoi on rate si souvent une mayonnaise, faute de savoir à laquelle se vouer...

RESTAURANTS à SAUCE MAYONNAISE à PARIS (p. 219)

RECETTE

*Comme au XIXe*

Les recettes « historiques » ne traînant pas dans toutes les casseroles, impossible de résister à celle de la mayonnaise du grand cuisinier Carême (1783-1833), avec ses commentaires aussi.

« Mettez dans une moyenne terrine, deux jaunes d'œufs, un peu de sel et de poivre blanc et un peu de vinaigre à l'estragon. Remuez promptement ce mélange avec une cuiller de bois et, dès qu'il se lie, vous y mêlez peu à peu une cuillerée à bouche d'huile d'Aix et un peu de vinaigre, en ayant soin de frotter la sauce contre les parois de la terrine. De ce frottement réitéré dépend la blancheur de la sauce mayonnaise. A mesure qu'elle prend du volume, plus d'huile, plus de vinaigre à la fois et un peu de gelée d'aspic en la commençant. Il est essentiel d'en mettre peu à la fois, afin d'éviter qu'elle ne se décompose. Vous devez employer pour sa confection 2 verres d'huile, 1/2 verre de gelée d'aspic et du vinaigre d'estragon en suffisante quantité, afin de la rendre d'un goût appétissant et relevé. Vous devez ajouter un jus de citron pour la rendre plus blanche. »

LA SOLE NORMANDE

Très balzacienne

Baptisée à Rouen il y a un siècle et demi, elle a été inventée pour le Tout-Paris d'alors.

EN 1838, une recette de sole était donnée dans un journal rouennais à propos d'un banquet servi à la Couronne, la plus ancienne auberge de France, toujours existante de nos jours d'ailleurs, « dans son jus », comme disent les antiquaires. Sur son élan, le chroniqueur la baptisait « normande » sans plus imaginer que l'appellation allait demeurer. De son origine dieppoise à tout ce qui l'accompagnait — moules, crevettes, beurre, crème, etc. —, rien n'était en effet plus normand. Pourtant elle avait été lancée dans la capitale l'année même pour le Tout-Paris par un certain Langlais, dont on n'est même pas sûr qu'il ait été normand lui-même : il aurait simplement adapté une très vieille recette de là-bas, une « étuvée » de poissons à la crème faite au cidre. Il est possible aussi qu'il se soit inspiré d'un ragoût de matelote normande de Carême. Or ce que cuisinait Langlais était alors assuré du succès. Il était le chef du Rocher de Cancale, un des plus grands restaurants de la capitale avec le café de Paris, les Frères provençaux, le café Riche et le Cadran bleu, dont l'écaillère, la mère Cibot, devint la concierge du *Cousin Pons*. Balzac, qui était gourmand sinon gourmet, les fréquenta beaucoup mais fit des acteurs de *La Comédie humaine* leurs habitués, surtout du Rocher de Cancale.

L'endroit avait en effet tout pour leur plaire au travers d'un luxe évident et même voyant, d'une belle clientèle, d'une carte comptant plus de deux cents plats et d'une cuisine exceptionnelle dès sa création en

1794. Balzac y traita donc Rubempré, l'abbé Herrera, Gobseck et beaucoup d'autres, qui eux-mêmes y invitèrent beaucoup. Avec le goût des détails qui fut le sien, il ne pouvait oublier la fameuse sole normande, celle-là même que dans la réalité le duc d'Orléans avait prévue dans le menu du banquet qu'il offrit là à ses officiers après la prise d'Anvers : le prix du repas avait été de 80 francs par tête, une fortune pour l'époque. Ce restaurant se trouvait alors à l'angle de la rue Montorgueil et de la rue Mandar, au 59, passant plus tard au 78, en faisant un détour par la rue de Richelieu. Vouée à la grande table, la maison fut assez curieusement aussi toujours aimée de la littérature, accueillant dès son ouverture des assemblées littéraires, et cela dura jusqu'à sa fermeture en 1845.

La sole normande n'en disparut pas pour autant, mais, plat compliqué, riche et coûteux, elle demeura le privilège des institutions. Aujourd'hui, elle s'est faite plutôt rare à Paris alors qu'elle se maintient encore dans les grands dîners de province. Un palace comme l'hôtel de Crillon en fait parfois un des événements classiques dans son restaurant des Ambassadeurs, pour lequel le chef Constant est assisté d'un second, normand lui-même et de surcroît meilleur ouvrier de France 1993.

RESTAURANTS à SOLE NORMANDE à PARIS (p. 220)
et en RÉGIONS (p. 264)

RECETTE

Beaucoup, beaucoup de choses

Pour une sole de 400 g : 4 huîtres creuses, 12 moules, 25 g de queues de crevettes, 4 champignons de Paris, 4 goujons ou éperlans, 4 écrevisses, 4 croûtons de pain, 6 lames de truffe, fumet de poisson au vin blanc, 20 g de beurre. Pour la sauce normande : 2 dl de velouté de poisson, 1 dl de fumet de champignon, 1 dl de fumet de poisson, 2 jaunes d'œufs, 5 cuillerées à soupe de crème fraîche, 50 g de beurre, sel, poivre.

Décoquiller les huîtres, les ébarber, les pocher au vin blanc. Cuire les moules au vin blanc. Cuire les crevettes, les décortiquer. Tourner les champignons, les cuire au vin blanc. Cuire les écrevisses au court-bouillon, les trousser. Paner puis frire les goujons ou les éperlans. Tailler les croûtons en cour, les frire au beurre. Toutes ces préparations seront réservées.

La sauce : cuire dans une casserole épaisse le velouté et le fumet de poisson, la moitié de la cuisson des champignons. Saler, poivrer. A part, délayer les jaunes d'œufs avec 2 cuillerées à soupe de crème, les ajouter dans la casserole et réduire d'un tiers. Avant de servir, ajouter le beurre et le reste de crème.
La sole : lever légèrement les filets en la préparant. La faire pocher dans le fumet de poisson auquel on aura ajouté la cuisson des huîtres, moules et la moitié de celle des champignons. L'égoutter, l'éponger, la désarêter. Beurrer un plat long, disposer la sole et l'entourer des garnitures qui seront nappées de sauce normande, sauf les éperlans et les croûtons. Poser les truffes dessus, en final.

(Recette du restaurant de l'hôtel Crillon, à Paris)

LE SOUFFLÉ

Il remonte

Enfant renié sans parents reconnus, il inquiète les chefs car il ne donne pas droit à l'erreur.

EN alignant une douzaine de soufflés salés ou sucrés, Le Soufflé est à ma connaissance le seul restaurant en France, et peut-être au monde, à perpétuer à une telle dimension une préparation soigneusement écartée de leur carte par de nombreux chefs. A croire qu'ils s'en méfient. Assez curieuse, donc, par ce parti, la maison est aussi, à sa manière, un lieu de mémoire. Elle ne s'en identifie pas pour autant à l'image que donnent ces endroits consacrés qui se réclament de passés glorieusement parisiens et mondains, plus remarquables encore par des décors d'exception et souvent tenants à un moment ou à un autre de leur existence d'une cuisine hors norme. Qui imaginerait qu'au Soufflé, derrière un brave décor qui aurait pu servir de toile de fond à une opérette espagnole, l'Histoire s'est glissée dans un temps récent ?

La guerre civile espagnole avait pris un fâcheux tournant et nombreux étaient les Républicains qui avaient été contraints de se réfugier en France. A Paris, un certain nombre d'entre les responsables politiques avaient pris leurs habitudes dans ce restaurant, sans doute attirés par le symbolisme de son enseigne d'alors, Goyescas. Sur les murs d'un petit salon, on peut encore voir des tableaux et des portraits peints à l'époque par des artistes qui fréquentaient ce cénacle. Depuis, aucun propriétaire n'a voulu toucher à cet ensemble pourtant au plus kitsch mais riche de souvenirs en voie d'oubli.

D'une constance à une autre, il est pourtant vain de vouloir chercher et trouver une origine à cette continuité dans la préparation des soufflés. C'est aussi flou que l'invention même du soufflé ou son apparition. On parie pour le XIXe mais des chercheurs le font remonter au Moyen Age. Cet anonymat historique doit irriter car on s'est longtemps plu, faute de le connaître, à le juger de manière ambiguë. Si le *Dictionnaire de l'Académie des gastronomes* accorde à sa création « habileté et saveur originale », il se reprend en ajoutant qu'il « ne réserve qu'une satisfaction particulièrement fugitive et un peu creuse ». Il est vrai que tout cela date de l'époque où l'on mangeait gras et lourd, quitte à roter tout un long après-midi. Une chronique d'il y a un demi-siècle parle de « morceau de néant matérialisé qui s'effondre » : jolie formule.

Mais le goût d'aujourd'hui se prend à redécouvrir pour les desserts (car il y a les soufflés salés moins heureux en matière de douceur) ces légèretés qu'on lui reprochait. On aime aussi l'instant où on le brise d'une cuillère impatiente et prudente à la fois pour en saisir les senteurs racées et le dévorer vite avec l'avidité d'un enfant gourmand prêt même à se brûler, comme à tout plaisir. Les chefs ne l'aiment pas en général : et on les comprend car un soufflé qui tombe avant d'arriver à la table est un échec impossible à camoufler.

RESTAURANTS à SOUFFLÉ à PARIS (p. 220) et en RÉGIONS (p. 265)

RECETTE

Le soufflé Rothschild

A-t-il été imaginé par un des cuisiniers de la famille Rothschild pour les soupers de leur château de Ferrières ou lui a-t-on symboliquement attribué leur patronyme qui parle d'or parce qu'il entre dans sa préparation de la liqueur de Dantzig dans laquelle flottent justement des paillettes du métal précieux ?

Pour 4 personnes : 1,5 dl de lait, 45 g de sucre, 25 g de farine, 15 g de beurre, 1 faible pincée de sel, 3 jaunes d'œufs, 4 blancs d'œufs, 1 bâtonnet de vanille, 160 g de fruits confits, liqueur de Dantzig.

Faire macérer les fruits confits coupés en petits dés 24 heures à l'avance.
Porter à ébullition le lait avec le sucre, le sel, la vanille. Retirer la vanille.
Dans une autre casserole à fond épais, délayer la farine avec les jaunes d'œufs, puis ajouter le lait en cuisant doux jusqu'à ébullition en remuant régulièrement jusqu'à légère consistance sans grumeaux.
Hors feu, ajouter le beurre, les blancs d'œufs battus en neige ferme, les fruits confits. Verser cette préparation dans un (ou quatre) plat(s) à soufflé beurré saupoudré de sucre glace, ou de farine, soutiennent certains.
Cuire 20 minutes environ au four à 200°. Surveiller attentivement la montée du soufflé. En fin de cuisson, ouvrir la porte du four et laisser le soufflé reposer une minute, puis servir rapidement.

(Recette du restaurant Le Soufflé, à Paris)

LA TARTE TATIN

Renversante et renversée

Reprise sans doute d'une recette solognote traditionnelle, née peut-être d'une maladresse, elle appartient néanmoins aux sœurs Tatin.

On les découvre figées et molles sur une table à l'entrée des restaurants à la mode, attendant de repasser au four, quartier par quartier : encore heureux qu'elles ne soient pas ensuite flambées ! Or elles ne devraient être préparées qu'à la commande. Les cuisiniers branchés chipotent autour d'elles, les mignotant jusqu'à les réduire à l'épaisseur d'un disque compact craquotant comme une galette : les tartes soi-disant Tatin de la plupart des restaurants parisiens ne sont jamais hélas que de tristes faux-semblants, des à peu près dérisoires, des trompe-l'œil louches, abus de confiance caractérisés, véritables « tartes à la crème » de chefs en mal de pâtisseries-cultes. Or ce ne sont que trop souvent de banales, déprimantes et vulgaires tartes aux pommes. Elles n'ont rien à voir avec les moelleux somptueux, les saveurs fondantes, émouvantes expressions d'une liaison compliquée et orgiaque de pommes fruits, de beurre, de sucre et de pâte forniquant dans un four modèle « hard » : on comprend ainsi que la tarte Tatin relève d'une réputation qui a fait le tour du monde tant elle donne à saliver et à rêver. Pourtant la recette, transmise oralement depuis toujours, autant que sa naissance demeure secrète.

Officiellement on s'en tient à l'aventure de Caroline et Stéphanie Tatin, qui, au tournant du siècle, tenaient un petit hôtel en Sologne où les chasseurs faisaient fête à leur cuisine d'authenticité terrienne. Ayant sans doute un jour perdu la tête, l'une des deux se trouva sans dessert pour une tablée. Eut-elle envie de préparer une tarte aux fruits ? Toujours est-il qu'elle mélangea en catastrophe, dans un moule beurré, sucre et pommes épluchées avant de les mettre au four, oubliant carrément la pâte ; le tout commença à cuire, à caraméliser, mais n'était guère présentable. Alors, la pâte, elle la posa par-dessus, et hop, de nouveau au four. A la sortie, ayant tout fait à l'envers, elle persista et signa, en retournant la « chose », se trouvant alors avec une tarte aux moelleux transmutés, aux saveurs inversées... enfin, avec une tarte aux pommes qui en était une tout en en étant une autre. Les mauvaises langues qui prétendent que c'est la Marie, une servante qui aurait eu l'idée, sont priées de ne pas insister. Quant aux invités des chasses solognotes, qui y avaient pris goût, ils prétendirent ne pas s'en passer de retour à Paris. La tarte Tatin entra alors en parisianisme par la grande porte, celle du Maxim's où elle fut servie pour la première fois dans la capitale. Elle s'y maintient en toute vérité dans quelques bistrots ou petits restaurants qui en ont fait leur dessert de référence. Et bien sûr, puisque l'hôtel Tatin existe toujours à Lamotte-Beuvron, c'est là-bas que...

RESTAURANTS à TARTE TATIN à PARIS (p. 221)
et en RÉGIONS (p. 266)

RECETTE

Avec ou sans crème

La recette n'ayant jamais été écrite par les sœurs Tatin, on s'en tient à une sorte d'approximation.

Pour 4 personnes : 350 g de pâte brisée, 750 g de pommes dites reinettes, golden ou clochards, 120 g de sucre semoule, 150 g de beurre.

Rouler la pâte en boule puis la laisser reposer 2 heures. Éplucher les pommes, les épépiner et les couper en quartiers. Faire de la pâte un disque de 26 cm de diamètre. Beurrer largement fond et bords d'une tourtière assez profonde de 24 cm de diamètre. Saupoudrer le fond de la moitié du sucre.

Disposer les quartiers de pommes en cercles concentriques, saupoudrer du reste du sucre, puis ajouter le restant du beurre qui aura été coupé en parcelles. Poser par-dessus la pâte et glisser son bord le long de la tourtière à l'intérieur pour que les fruits soient pris sous ce couvercle. Enfourner à 230° et cuire une demi-heure. Retirer du four, poser un plat sur la tourtière, et retourner l'ensemble à l'endroit, puis retirer la tourtière. Le dessus des pommes doit être caramélisé. Servir tiède.

P.-S. : Le *Larousse gastronomique*, dont c'est la recette, recommande de servir avec de la crème fraîche à part. L'hôtel Tatin la sert sans crème.

LA TÊTE DE VEAU

Langue bien pendue et cervelle bien faite

Considérée comme un plat « grand genre » au XIXe, passée ensuite au bistrot du coin, elle renaît au palace, comme à l'hôtel du Palais de Biarritz.

DANS son *Grand Dictionnaire de cuisine*, aussi épais et confus que *Les Trois Mousquetaires* et la suite, Alexandre Dumas, avec sa grosse tête, s'est penché sur celle du veau : il n'y aligne pas moins d'une dizaine de recettes qu'il dissèque au scalpel de ses curiosités, tant ses préparations relèvent selon lui d'une précision quasiment chirurgicale : « On incise délicatement les joues, on laisse tenir les yeux à la peau une fois le tout désossé à moins qu'on ne les retire à la petite cuillère, on utilise une cuillère pour la cervelle, on dégage délicatement le mufle... » et j'en passe pour ne couper l'appétit de personne... Il la prépare donc au naturel, farcie, en tortue, à la poulette, à la Sainte-Menehould (cela nous rappelle les pieds de porc), frite, farcie (selon une méthode tirée d'un ouvrage de la bibliothèque royale de Versailles), à la Destilière (qu'il attribue à Grimod de La Reynière), à la Puits Certain.

Or cette manière du Puits Certain est citée aussi par ce même Grimod de La Reynière qui, en 1808, voyait dans la tête de veau « un relevé distingué, même dans les dîners grand genre » ; sur son élan, il citait ses meilleurs morceaux, « yeux, bajoues, tempes, oreilles et langue [qu'il] coupait proprement, ne portant jamais le couteau dans la cervelle ». Quant à la tête de veau à la Puits Certain, farcie de béatilles, de mauviettes, d'anguilles, de laitance de carpe, de godiveaux, d'écrevisses, de pigeons, de truffes, elle était appréciée dès le XVIIe. Elle était la spécialité d'une pâtisserie-rôtisserie baptisée Au Puits Certain, située au 16 de la rue de Lanneau à Paris, face à un puits qui avait été creusé par l'abbé Certain, curé de Saint-Hilaire puis principal du collège Sainte-Barbe. Puits comblé, redécouvert en 1894, bouché à nouveau lors de travaux au Collège de France. Il y a une vingtaine d'années, dans son *Dictionnaire historique des rues de Paris* (il vient d'être réédité), Jacques Hillairet signalait que l'enseigne de la rôtisserie disparue en 1805 ornait toujours la boutique d'un commerçant : je n'ai pas poussé jusque-là.

Toujours est-il que le lieu pourrait servir un jour de centre de pèlerinage à la confrérie gastronomique des Gaubregueux gousteurs de testes de veau, un gaubregueux étant un « flâneur, plaisantin qui prend ses aises » selon Fernand Woutaz, un journaliste grand expert de ces associations. Celle-ci a été fondée le 31 mars 1968 (le 1er avril n'est pas loin) à Rambervillers, dans les Vosges. Les habitants auraient jadis été surnommés « testes de veau », leurs femmes auraient longtemps été réputées pour cuisiner au mieux ce fameux plat : les jaloux soutiennent avec beaucoup de mauvaise foi que le village étant « la tête des Vosges »... on devine la suite du raisonnement. Cela dit, les citoyens de Germigny-des-Prés, entre Gien et Briare, prétendent aussi au titre. A Biarritz, on n'en est pas là : pourtant, la tête de veau servie dans la fabuleuse salle à manger en rotonde du tout aussi fascinant hôtel du Palais suffirait à faire une réputation. Et d'ici à ce qu'on me dise que Napoléon III en dégustait ici chaque matin avec l'impératrice Eugénie...

RESTAURANTS à TÊTE DE VEAU à PARIS (p. 222)
et en RÉGIONS (p. 267)

RECETTE

Le palais se prend la tête

Pour 6 personnes : 1 tête de veau désossée bien blanche, 2 citrons pressés et 1 citron, 1 oignon moyen piqué d'un clou de girofle, 2 carottes moyennes, 1 poireau, 1 bouquet garni, 15 grains de poivre blanc, sel, 2 litres de vin blanc.

Dégorger la tête de veau à l'eau froide pendant 12 heures en marmite. Ajouter le jus de 2 citrons puis porter à ébullition. Puis la rafraîchir et égoutter. Éliminer les poils en la passant à flamme. Enlever la cervelle pour une cuisson séparée. Gratter l'intérieur du museau puis citronner entièrement. Retirer la langue et la réserver.
Couper la tête en 18 morceaux, les disposer en marmite avec poireau, carottes, bouquet garni, grains de poivre, saler. Mouiller aux trois-quarts de vin blanc et compléter à l'eau froide pour couvrir. Ajouter la langue. Laisser cuire de 2 heures à 2 heures et demie environ. En fin de cuisson prélever de l'eau de cuisson et y faire cuire la cervelle pendant 20 minutes environ. Dresser l'ensemble sur un grand plat.
Servir avec une vinaigrette (en saucière) aux herbes composée de 3 cuillerées à soupe de vinaigre de vin, de 9 cuillerées à soupe d'huile d'arachide, sel et poivre. Son assaisonnement en sera : 1 cuillerée à café d'estragon, 1 cuillerée à café de persil et ciboulette, 1 cuillerée à café de cerfeuil, 1 petit oignon blanc haché, 1 cuillerée à soupe de câpres Capucine et 1 œuf dur haché qui auront été bien mélangés ensemble.

(Recette du chef Gauthier de l'hôtel du Palais, à Biarritz)

LE TOURNEDOS ROSSINI

Dans la note

Inventé par ce musicien qui composa sur les radis et épousa sa cuisinière.

LE mélomane de base connaît bien évidemment le *Tancrède* de Rossini et n'ignore pas que cet opéra comporte la célèbre « cavatine du Riz ». Il sait peut-être moins qu'il composa deux pièces pour piano, très peu connues, sur quatre hors-d'œuvre (radis, anchois, cornichons, beurre) et quatre desserts (figues sèches, amandes, raisins, noisettes) : c'est un historien de la cuisine, Robert Courtine, qui le rappelle, soulignant accessoirement que le compositeur épousa même sa cuisinière. Sur ce dernier point il diffère d'André Castelot qui rapporta la réflexion d'un lord à son propos : « Il n'y a nulle raison de cacher qu'elle était un parfait échantillon de la cocotte retraitée. » Mais après tout la galanterie n'interdit pas la cuisine et vice(s) versa, pas plus qu'être musicien ne s'oppose à devenir gastronome, ce dont Rossini ne s'est pas privé. Il a multiplié en effet les créations culinaires.

La plus fameuse est ce tournedos portant son nom, un plat opulent qui, après avoir été un des plus réputés, devint un des plus trahis et massacrés dans les cuisines françaises. Il devait être balayé par la vague de la nouvelle cuisine qui y vit le symbole caricatural de ce qu'il ne fallait plus faire. Au nom d'une légèreté redécouverte et d'une fausse simplicité, cette abondance de beurre, de foie gras, de truffes, de sauce madère autour d'une pièce de viande, c'était vraiment « too much », et pis encore lorsque les produits étaient médiocres comme cela était devenu courant. Mais le reflux de cette même nouvelle cuisine ramène le tournedos Rossini en état de curiosité et en panache, plat soudain de fête, de grande gueule et de goûts puissants, plus raffiné et délicat qu'on ne le suppose lorsqu'il est réussi, mais terrifiant de médiocrité molle et gluante lorsqu'il est cuisiné au rabais.

A son propos, Courtine le considère comme un plat de saison et il s'en explique : « Et n'est-il point symbolique aussi que le temps du foie gras frais idéal soit aussi celui de la truffe ? Et que les bœufs du début de l'hiver, encore riches des pâturages de l'été, soient de chair supérieure ? Tout semble d'éternité conjugué pour un robuste appétit de temps froid et de fête. » Tout est dit. Il faut ajouter néanmoins que si la préparation est de Rossini, le tournedos, lui, est dû à Véron. Louis-Désiré Véron fut un insupportable personnage du XIXe, médecin d'abord, puis pensée politique du *Constitutionnel*, journal soutenant Louis-Napoléon : mais l'homme était aussi un hôte fastueux et un amateur de grande bouffe. Lassé un jour du filet tel qu'on le lui servait au café Anglais, il en réclama un qui fût tranché épais. On le lui apporta mais les maîtres d'hôtel, choqués de l'aspect massif, déclarèrent que « le service ne se ferait plus à la portée des yeux du client, mais derrière son dos »... d'où l'appellation. Traité en Rossini, il prend encore plus de formes, mais son académisme renvoie les reflets d'un classicisme tout en nuances autant velours à l'œil que soie au palais. Ne supportant donc pas la médiocrité, il revient cher et on le choisira définitivement dans une grande maison : dans une brasserie on lui préfèrera une choucroute !

RESTAURANTS à TOURNEDOS ROSSINI à PARIS (p. 222)
et en RÉGIONS (p. 269)

RECETTE

Simplement richissime

Pour 1 personne : (choisir des ingrédients de qualité exceptionnelle) 1 tournedos, 1 escalope de foie gras frais, 2 lames de truffes fraîches (ni conserve, ni débris), 100 g de beurre, 1 croûton rond, sel, poivre, 1 verre de madère.

Faire frire le croûton et réserver. Poêler le tournedos au beurre, l'assaisonner puis le dresser sur le croûton. Poser dessus l'escalope de foie gras puis la couvrir des lames de truffes. Déglacer la poêle de cuisson du tournedos puis l'en napper.

LES TRIPES À LA MODE DE CAEN

Elles ne manquent pas d'estomac

Athénée*, Homère, Rabelais *et même le lieutenant de police de* Louis XV *en ont fait leurs délices...

THÉTIS, mère d'Achille, lui aurait donc préparé un plat de tripes de bœuf après l'avoir plongé dans le Styx pour le rendre invulnérable : double précaution, donc. Cela selon Homère. Plus tard Athénée, et ceci hors de son *Banquet des sophistes*, fait état d'un plat constitué de « gras intestins de bestiaux ». Au menu, personne n'échappera bien sûr à la naissance de Gargantua selon Rabelais : Gargamelle enfanta donc après avoir mangé une « platée de gaudebillaux » qui sont « grasses tripes de coireaux et que coireaux sont bœufs engraissés à la crèche et près grimaux ». Il en est donc des tripes de toutes les époques comme on en trouve préparées à la mode de toutes les régions de France, de la fressure d'Anjou au gras-double lyonnais. Pour être répandues ainsi, elles n'en furent pas moins souvent privilège : au Moyen Age, leur commerce à Paris était entre les mains de six familles ; plus tard le lieutenant de police de Louis XV signait en 1738 une ordonnance réglementant le métier de « cuiseur de tripes ».

Affaire d'État donc, qui me ramène aux tripes du restaurant Pharamond, dites à la mode de Caen. Un certain Sidoine Benoît, personnage peut-être mythique, l'aurait imaginé, il y a... longtemps, longtemps. Au moins un siècle et demi, puisque c'est au début de 1839 qu'un jeune Normand, Pharamond, associé à Heutte, un autre Normand, la fit connaître à Paris, en s'installant près des Halles, rue de la Grande-Truanderie. Or la maison existe toujours dans un décor doublement classé comme monument historique et lieu de mémoire. La salle à manger ne date que du début du siècle, avec des miroirs en reflets infinis multipliant sur les tables les petits réchauds à charbon de bois sur lesquels sont servies les fameuses tripes.

Elles arrivent bouillonnant comme des laves, enveloppées de dix heures de cuisson, en senteurs capiteuses, mélangeant des formes étranges et diverses, laissant deviner des textures multiples : il y a là en rencontre d'osmose de la panse, de la franche mule, du tapis, de la grosse veine, du feuillet, du nid d'abeille ; quelle famille ! Une senteur de vin blanc, et même un soupçon de madère ; qui devinera le calvados ?

RESTAURANTS à TRIPES À LA MODE DE CAEN à PARIS (p. 223)
et en RÉGIONS (p. 270)

RECETTE

Les dix heures des tripes

Pour 6 personnes : 1 kg de gras-double constitué si possible des divers morceaux cités, un pied de bœuf, 125 g de couenne de lard, 4 oignons, 1 gousse d'ail, clous de girofle, bouquet garni, 2 dl de calvados, vin blanc et un verre de madère, sel, poivre et un pied de veau, 3 carottes.

Laver le gras-double. Blanchir 30 minutes. Égoutter, éponger, découper en morceaux de 3 à 4 cm. Désosser le pied, en garder les os, découper la chair. Prévoir la cuisson dans une tripière en terre : la tapisser des couennes, mettre os, oignons coupés en rondelles, bouquet garni, gousse d'ail, clous de girofle, sel, beaucoup de poivre. Sans oublier tripes, carottes coupées en rondelles fines mouillées avec le vin blanc parfumé au madère et au calvados. Couvrir et luter avant de mettre à cuire au four à feu vif, légèrement baissé après 1 heure. Cuisson : 10 heures.

Avant de servir, dégraisser à peine, retirer os et bouquet. Pour maintenir au chaud sur la table, prévoir de petits réchauds à charbon de bois individuels.

(Recette du restaurant Pharamond, à Paris)

LE VOL-AU-VENT

Du pire au meilleur

Descendant du pain rond des Athéniens par la tourte médiévale, « inventé » par Carême, souvent massacré par des traiteurs, serait-il sur le point de revenir ?

TRAITÉE fort justement de « vieille pâtisserie à tout faire » par l'historien André Castelot, la tourte est en effet une vieille complice de la cuisine française. Selon lui, son origine serait celle du pain rond que les Athéniens cuisaient sous la cendre et que les Romains ensuite pratiquèrent sous le nom de *tortus*. On en trouve trace chez nous dès le XIe siècle dans la charte de Louis le Débonnaire. Les siècles suivants la fourrent et la farcent de tout et de rien, parfois même d'oiseaux entiers pour des préparations royales. Ils la déclinent en plats nouveaux devenus depuis institutionnels. Au XVIIe, on en trouve presque une centaine de recettes dans le célèbre *Cuisinier français* de La Varenne. Avec de la viande, elle deviendra le pâté ; agrémentée de fruits, elle donnera naissance à la tarte ; bourrée d'abats et plus particulièrement de ris de veau et de quenelles, elle prend le nom de cette farce, le godiveau.

Rabelais en a fait son ordinaire, parlant de « boisseaux de godivaux ». A propos de cette appellation, certains y verraient une déformation de « gogue de veau », plat angevin qui ne pouvait que lui être connu. Toujours est-il que le godiveau est bien l'ancêtre du vol-au-vent. Comme toujours en cuisine, il est né un peu par accident. Carême, toujours lui, pratique beaucoup la tourte-godiveau en son début du XIXe ; il aimait à en préparer de plus en plus grosses et, d'essai en essai, il remplaça la pâte à foncer du « couvercle » par celle d'un feuilletage. A la cuisson, la tourte prit la forme d'une petite tour, et Carême de s'écrier modestement : « Elle vole, elle vole au vent », tant le résultat lui parut miraculeusement léger. C'était, pour le vol-au-vent, le départ d'une belle carrière car les Parisiens s'enthousiasmèrent pour ce fourre-tout très élégant, et cela dura jusqu'à la dernière décennie. D'avoir été justement un fourre-tout, il finit trop souvent en cache-misère — en général sur les buffets — de produits douteux ou de restes. De plus, sa préparation, subtile, ne fut pas toujours soignée, aboutissant à une chose molle et peu appétissante. Pourtant ! Lorsque l'enveloppe de croûte demeurée craquante révèle en se brisant le secret de son intérieur, il y a là un beau joli moment de gourmandise.

RESTAURANTS à VOL-AU-VENT à PARIS (p. 224)
et en RÉGIONS (p. 271)

RECETTE

Néo-modernisme

Alors que certains maintiennent la forme traditionnelle du feuilleté en forme de tour avec ses produits à l'intérieur, d'autres innovent en un « à la manière de », au carré et en parallèle selon une différence à considérer car elle facilite la préparation en évitant le risque d'un ramollissement.

Pour 4 personnes : 300 g de feuilletage, 2 kg de ris de veau, 4 dl de crème double, 1/2 litre de fond blanc de volaille, 100 g de morilles fraîches, 100 g de champignons de Paris, 2 jaunes d'œufs, 100 g de beurre clarifié, 10 g de pelures de truffes, sel, poivre, cerfeuil.

La veille : porter 1 dl de crème à ébullition, jeter les morilles épluchées et lavées, puis refroidir et laisser infuser 24 heures. Le jour même : laver et éplucher les champignons de Paris. Tailler le feuilletage en 4 carrés de 5x5 cm. Laisser reposer, puis cuire au four à 200°, réserver. Blanchir les ris de veau, les éplucher, les presser, les braiser, puis réserver. Réduire le fond de volaille avec 9 dl de crème. Escaloper les ris en 16 portions. Les dorer doucement au beurre. Ajouter les champignons (Paris et morilles) au fond de volaille avec les jaunes d'œufs et la crème restante, saler et poivrer. Ajouter cette liaison à la sauce et ne plus faire bouillir. Ouvrir chaque feuilleté en deux parties, garnir la première avec quelques champignons et 1 escalope de ris, puis couvrir avec la deuxième. Napper chaque fond d'assiette avec un peu de sauce et les restants de champignons. Puis poser 3 escalopes de ris en rosace. Parsemer de cerfeuil et de pelure de truffes.

(Recette dite « à la financière », de Sabine et Robert)

LES PLATS
QUI ONT FAIT LA FRANCE
À PARIS

En guise de hors-d'œuvre : certains de ces plats ne ressortent pas en tant que « spécialités » sur les cartes et les menus des restaurants. Cela ne veut pas dire qu'ils n'existent pas ou plus : on les trouve souvent au détour d'un « plat du jour ». D'autre part, cette sélection ne prétend pas être exhaustive. Enfin, à titre de précision, le double prix indiqué signifie : pour le premier, le tarif le plus bas au menu et pour le second, soit le plus élevé au menu, soit un prix moyen de la carte.

ALIGOT

IIIe arr.

Ambassade d'Auvergne et du Rouergue / 42 72 31 22 Repas 230/280 F

Auberge comme si on était là-bas. Ne manque pas un jambon accroché aux poutres. Carte conservatoire du pays. Aligot sur saucisse d'Auvergne.

ANDOUILLETTE

Ier arr.

Le Rubis / 42 61 03 34 Repas 100/130 F

On y buvait du vin bien avant que l'on parle des « wine bars » et autres « bars à vins ». Superbe ambiance troquet, fameux petits vins et quelques plats de circonstance. Andouillette grillée.

Ve arr.

Chez Toutoune / 43 26 56 81 Repas 150 F

Une femme de tête très charmeuse pour une cuisine de grande sœur généreuse et riante. Andouillette AAAAA à la moutarde de Meaux.

XIe arr.

Le Passage / 47 00 73 30 Repas 200/250 F

Dans un décor très vieux faubourg Saint-Antoine, le règne des andouillettes venues de partout, en instants furieux. Unique en France.

XVe arr.

Le Père Claude / 47 34 03 05 Repas 92/250 F

Époustouflant bistro-resto en kitsch modernisé, tenu par une rondeur, costaud du vin et de la rôtisserie. Andouillette.

XVIIe arr.

Le Ballon des Ternes / 45 74 17 98 Repas 230/300 F

Brasserie à la manière 1900 en un parfait « à la manière de ». Tout le monde y croit. Bons plats attendus. Andouillette grillée.

BLANQUETTE D'AGNEAU

Autrement dit la bête rare dans la capitale. Mais celle du Petit Montmorency montre superbement le chemin à suivre.

V^{e} arr.

Dodin-Bouffant / 43 25 25 14 Repas 195/300 F

Sur les traces de celle dont nous parlons ci-dessous, bien en situation dans cette atmosphère provinciale cossue et souriante. Blanquette d'agneau.

VIIIe arr.

Le Petit Montmorency / 42 25 11 19 Repas 300/700 F

Très belle et très surprenante architecture d'intérieur pour une aussi grande réussite aux fourneaux. Blanquette d'agneau.

BLANQUETTE DE VEAU

Ier arr.

Gérard Besson / 42 33 14 74 Repas 300/500 F

Un meilleur ouvrier de France au plus classique pour une clientèle arrivée, mangeant calmement dans un environnement sur mesure. Blanquette de veau.

V^{e} arr.

Perraudin / 46 33 15 75 Repas 60/180 F

Les étudiants un peu gourmands aimeraient beaucoup d'endroits comme celui-ci, en prise avec toutes les époques. Blanquette de veau au riz.

XIe arr.

Le Chardenoux / 43 71 49 52 Repas 100/180 F

Toujours le mode café-restaurant à l'ancienne, ici monté comme un décor de théâtre. Pittoresque en diable. Blanquette de veau.

XVIe arr.

Jean-Claude Ferrero / 45 04 42 42 Repas 200/500 F

Une certaine perfection et une maîtrise absolue de la cuisine opulente bien en prise dans cette ravissante maison privée. Blanquette de veau.

XVIIe arr.

Chez Georges / 45 74 31 00 Repas 170/280 F

La tradition bistrot révélée aux Parisiens il doit bien y avoir presque un demi-siècle. Et tout s'y maintient. Blanquette de veau.

BŒUF MIROTON

Ier arr.

Chez la Vieille / 42 60 15 78 Repas 250/340 F

Les Halles disparues toujours admirablement présentes dans cet établissement curieusement installé et familièrement désuet. Bœuf miroton.

IVe arr.

Benoît / 42 72 25 76 Repas 400/600 F

Salle à manger néo-début de siècle avec un zinc bistrot et des banquettes profondes pour des plats enveloppants et riches. Bœuf miroton.

Ve arr.

Moissonnier / 43 29 87 65 Repas 200/280 F

Comme à Lyon, comme il y a un demi-siècle, comme on aime pour s'attabler en décontraction. Bœuf miroton.

XVIIe arr.

Chez Laudrin / 43 89 87 40 Repas 180/350 F

Surprise, dans cet univers très marin au décor largement patiné, de trouver un plat qui ne doit rien à la mer. Bœuf miroton.

BOUILLABAISSE

VIIIe arr.

L'Avenue / 40 70 14 91 Repas 150/300 F

Brasserie bon chic en étage face à Dior et Ricci. Le soir, Jacques Collard, un « parisien » étonnant, à la tête. Aux fourneaux, un bien honnête cuisinier. Bouillabaisse.

IXe arr.

Charlot Roi des Coquillages / 48 74 49 64 Repas 200/350 F

Sur le mode brasserie à miroirs partout et soir de fête, en balcon sur la place Clichy, une « véritable bouillabaisse marseillaise ».

XVe arr.

Aux Senteurs de Provence / 45 57 11 98 Repas 150/300 F

La plus grande discrétion bien élevée en tout, pour mieux faire ressortir une Méditerranée calme et colorée. Bouillabaisse « à la pêcheur ».

Chez Quinson / 45 32 48 54 Repas 200/300 F

La plus institutionnelle et la plus populiste de toutes, traitée comme une vieille et bonne affaire de famille. Bouillabaisse.

XVIe arr.

Jean-Claude Ferrero / 45 04 42 42 Repas 200/500 F

Voir « blanquette de veau » p. 184

XVIIIᵉ arr.

Chez Frézet / 46 06 64 20 Repas 150/400 F

Les habitués règnent dans ce restaurant de quartier qui a ses quartiers de noblesse locale. Terrine de bouillabaisse et sa rouille.

BOURRIDE

VIIIᵉ arr.

La Couronne / 45 63 78 49 Repas 220/450 F

Cachée dans un hôtel élégant, une salle à manger elle aussi élégante et sur son quant à soi. Travail intéressant aux marmites. Bourride de loup.

XVᵉ arr.

Pierre Vedel / 45 58 43 17 Repas 250/300 F

Voir « filet de bœuf en bellevue », p. 197

XVIᵉ arr.

Marius / 46 51 67 80 Repas 250/350 F

Une enseigne qui tient ses promesses en tout folklore très tempéré. Bourride.

XVIIᵉ arr.

Dessirier / 42 27 82 14 Repas 200/350 F

Dans un quartier bourgeois à l'extrême, une brasserie bien rembourrée, cossue, hyper bourgeoise elle aussi et des poissons vrais. Bourride en plat du jour.

XIXᵉ arr.

Pavillon Puebla / 42 08 92 62 Repas 180/400 F

Une véritable maison de campagne XIXᵉ siècle exacerbé dans le Parc des

Buttes-Chaumont. Cuisine aussi délicate que rustique quand elle le veut. Bourride de poissons à l'ail.

BRANDADE DE MORUE

IIIe arr.

La Guirlande de Julie / 48 87 94 07 — Repas 165/250 F

Un petit bijou très théâtral sous les arcades de la place des Vosges, inventé par Claude Terrail de la Tour d'argent. Brandade de morue parmentière.

V^e^ arr.

L'Écureuil, l'Oie et le Canard / 43 31 61 18 — Repas 89/230 F

Le Sud-Ouest comme au pays afin d'y jouer la troisième mi-temps du rugby. On y mange dru et copieux, en amateur éclairé. Brandade de morue à l'ancienne.

VIIIe arr.

Le Pichet / 43 59 50 34 — Repas 250/350 F

Salle à manger très « fifties » et très fréquentée par les hommes politiques, jusqu'à M. Mitterrand, amateurs de bons gros plats. Brandade de morue.

XIe arr.

Les Amognes / 43 72 73 05 — Repas 160 F

Une fausse auberge comme on n'ose plus en faire mais un vrai cuisinier comme on en aimerait beaucoup. Beignets de brandade de morue.

XIIe arr.

Au Pressoir / 43 44 38 21 — Repas 350/500 F

Salle à manger plutôt grand genre bourgeois de belle préfecture. Haute qualité au bout de la fourchette. Brandade de morue aux asperges.

CANARD A L'ORANGE
(et variantes)

VIIIe arr.

Lasserre / 43 59 67 45 Repas 600/800 F

Le très haut luxe parisien tel qu'il s'entend depuis 50 ans, toit ouvrant compris et immense service pour une gastronomie définitivement grand classique. Canard à l'orange.

Lucas Carton / 42 65 22 90 Repas 375/900 F

Somptueux décor début de siècle, admirable cuisine pensée et pensante, ambiance zéro. Canard Apicius au miel et aux épices.

Xe arr.

Louis XIV / 42 08 56 56 Repas 150/400 F

Apothéose du style Vincent Auriol en fer forgé tarabiscoté. Mais les fruits de mer sont d'aujourd'hui et la rôtissoire superbe. Canard à l'orange, caneton rôti à la broche.

XIXe arr.

Dagorno / 40 40 09 39 Repas 178/400 F

Ancêtre contemporain des anciens abattoirs revu en néo-1900 il y a peu. Beaucoup de sérieux et des produits eux aussi irréprochables. Canard rouennais rôti à la coriandre et aux oranges.

CANARD AU SANG
(et variantes)

Ve arr.

La Tour d'Argent / 43 54 23 31 Repas 375/800 F

Un monument de la restauration, face à cet autre monument qu'est

Notre-Dame, pour un plat monument lui aussi, sans oublier Claude Terrail, le propriétaire, également... monumental. Canard au sang.

VIe arr.

Jacques Cagna / 43 26 49 39 Repas 260/600 F

Les vieilles demeures du Paris ancien ont bien du charme et les jeunes cuisines qu'elles couvent aussi. Canard sauce au vin de Bourgogne.

VIIIe arr.

Les Saveurs / 45 63 17 44 Repas 160/300 F

Une mezzanine amusante et contemporaine dans un vieil hôtel particulier pour des assiettes bien soignées. Aiguillettes de canard rouennais.

X^e arr.

Aux Armes de Colmar / 40 34 94 50 Repas 80/200 F

Archétype de l'aimable brasserie de quartier où l'on vient beaucoup en voisin sans être un instant déçu de ce petit modèle du genre. Canard Montmorency.

CASSOULET

IVe arr.

Auberge de Jarente / 42 77 49 35 Repas 130/200 F

On ne s'y complique pas la vie : on se contente de garder le meilleur du plus simple des Pyrénées côté Ouest. Cassoulet.

V^e arr.

La Truffière / 46 33 29 82 Repas 95/250 F

Sans doute la plus belle cave-salle à manger voûtée de la capitale. Une recherche sur la carte et une vérité au bout de la fourchette. Cassoulet.

XIIe arr.

Au Trou Gascon / 43 44 34 26 Repas 180/400 F

Un Sud-Ouest plutôt léché dans la manière bistrot 1900 chic et des créations qui parlent d'un terroir maintenu. Cassoulet aux vrais haricots tarbais.

XIVe arr.

Lous Landes / 45 43 08 04 Repas 190/300 F

Gracieuse salle à manger très décoration plumes et fleurs pour des spécialités d'un Sud-Ouest raffiné. Cassoulet.

XVIIe arr.

La Table de Pierre / 43 80 88 68 Repas 220/350 F

Une salle à manger telle qu'en elle-même, sortie d'un appartement du quartier, un patron à l'accent dru, et son chef en action déterminée. Cassoulet toulousain.

CHAUD-FROID

Un exercice de style auquel on ne se livre que sur commande et en général pour un grand repas. A noter pour s'en souvenir à l'intention d'une fête.

VIIIe arr.

Ledoyen Restaurant / 47 42 35 98 Repas 290/700 F

En étage au dessus des jardins des Champs-Élysées, un bel instant Napoléon III avec le brillant d'une cuisinière plutôt douée. Chaud-froid de suprême de poularde de Bresse fumé minute.

IXe arr.

Venantius / 48 00 06 38 Repas 210/500 F

Extrême raffinement d'une décoration inspirée de l'Empire et un homme

– Gérard Fouché – en train de s'inscrire parmi les grands. Chaud-froid de volaille.

CHOU FARCI

Vᵉ arr.

Le Refuge du Passé / 47 07 29 91 Repas 180/280 F

Un extraordinaire environnement de brocante et de folklore parisien. Tout en clin d'œil. Chou farci.

VIIᵉ arr.

Le Bistrot de Paris / 42 61 16 83 Repas 170/300 F

Un étonnant faux-vrai ancien bistrot 1890 inventé par Michel Oliver, le fils du grand Raymond Oliver. Michel retiré, la maison continue allègrement. Chou farci.

VIIIᵉ arr.

Le Grenadin / 45 63 28 92 Repas 188/350 F

Selon la décoration contemporaine calme, aimée des cadres arrivés et des autres. Les exercices délicats aux fourneaux lui vont bien. Chou farci.

XIIᵉ arr.

Le Quincy / 46 28 46 76 Repas 230/300 F

Une auberge faite de pittoresque et de bien des souvenirs : c'est la campagne à Paris. Non seulement sur les murs mais aussi dans les assiettes. Chou farci.

XVIIIᵉ arr.

Aux Négociants / 46 06 15 11 Repas 130/190 F

Un de ces bistrots à vins avec une jolie cave qui n'empêche pas les bons sentiments pour les petits repas impromptus. Chou farci en plat du jour.

CHOUCROUTE

IIIe arr.

Jenny / 42 74 75 75 Repas 160/250 F

Un travail d'artiste pour les marqueteries à la gloire de l'Alsace et sa choucroute n'est pas en reste. Depuis 1930, on en a la meilleure pratique.

IVe arr.

Bofinger / 42 72 87 82 Repas 166/270 F

Pur chef-d'œuvre de la fin du siècle dernier, de mosaïques en boiseries, de marqueteries en fresques toujours à la gloire de l'Alsace. Choucroute impressionnante.

VIIIe arr.

L'Alsace / 43 59 44 24 Repas 150/300 F

Ultime brasserie à l'alsacienne sur les Champs-Élysées. Une atmosphère en voie de disparition. Pourvu que ça dure. Choucroute.

X^{e} arr.

Flo / 47 70 13 59 Repas 109/250 F

Un décor rare et beau, pour le moins classé dans les mémoires et tout notre pays d'Est en versions originales. Choucroute paysanne.

XVIIe arr.

Baumann-Ternes / 45 74 16 66 Repas 170/250 F

La maison de l'homme qui transforma la choucroute habituelle en curiosité. Choucroute aux poissons, choucroute couscous et néanmoins choucroute strasbourgeoise.

CIVET DE LIÈVRE

IIe arr.

Chez Janou / 42 72 28 41 Repas 180/250 F

Lieu plutôt intimiste et bien gai voué à une sorte de conservatoire modeste de la cuisine familiale. Civet de lièvre.

VIIe arr.

Écaille et Plume / 45 55 06 72 Repas 230/300 F

Une double réussite pour les poissons en originalité et les gibiers en grandes variantes selon l'habileté heureuse d'une femme. Civet de lièvre.

XIIIe arr.

Le Petit Marguery / 43 51 58 59 Repas 160/360 F

Des frères qui se nomment Cousin dans une maison en forme de gentillesse bistrotière avancée. Gibiers parfaits. Civet de lièvre.

XVe arr.

La Giberne / 47 34 82 18 Repas 118/260 F

Parfaitement dans l'esprit conservateur du quartier, en dualité aussi de plats passant du plus simple parisien au paysan. Civet de lièvre.

XVIIe arr.

Le Petit Colombier / 42 80 28 54 Repas 200/400 F

Comme en province très cossue, une classe certaine et un haut niveau dans l'interprétation des classiques terriens. Civet de lièvre.

COQ AU VIN

Ier arr.

La Passion / 42 97 53 41 Repas 170/360 F

La table pour la table : telle est la pensée d'un jeune chef qui ne manque pas de réalisme sain aux marmites. Coq au vin façon beaunoise.

VIe arr.

Chez Maître Paul / 43 54 74 59 Repas 180/300 F

L'unique défenseur de la gastronomie du Jura dans une atmosphère calme et décontractée, non sans une certaine élégance. Rare coq au vin jaune.

VIIe arr.

Auberge Bressane / 47 05 98 37 Repas 119/230 F

Une enseigne qui ne ment pas : dans son état premier telle qu'il y a un demi-siècle. Atmosphère entre boiseries, banquettes et cuivres. Coq au vin de Juliénas.

XIIe arr.

La Biche au Bois / 43 43 34 38 Repas 98/150 F

On ne peut pas faire plus familier en tout, à commencer par une table très ménage. Coq au vin.

XVIe arr.

Le Vivarois / 45 04 04 31 Repas 345/650 F

S'il faut un « premier » à Paris, c'est bien Peyrot. La cuisine parfaite et du cœur est sa passion, en imagination épique. Le coq au vin de Pommard prend une autre dimension. Décor contemporain qui « interpelle ».

CÔTE DE VEAU FOYOT

Un plat qui donne des états d'âme avec sa richesse profonde et son fondant : les « maigrants » y voient une insulte à leur ligne et à leur diététique. Pourtant, quelques chefs la réinventent petit à petit pour des amateurs alors fascinés de tant de gourmandise.

XIIe arr.

Le Train Bleu / 43 43 09 06 Repas 195/350 F

Pompe extraordinaire de ce buffet de gare d'une République alors richissime : il en est classé. Instant rare que d'y manger. Surprise de l'unique côte de veau Foyot de la capitale.

CÔTELETTES À LA CHAMPVALLON

Dans le même esprit que la côte de veau Foyot, avec un arrière-plan historique et un peu canaille. Une bien jolie création des siècles passés. Pas démodée du tout pour les esthètes de la table.

Ier arr.

Le Meurice / 44 58 10 10 Repas 300/500 F

Une salle à manger quasiment royale avec un service en conjonction parfaite et une table de haute volée. Côtelettes de mouton à la Champvallon.

CRÊPES SUZETTE
(et variantes)

VIIe arr.

Chez Françoise / 47 05 49 03 Repas 168/300 F

En dessous de l'aérogare des Invalides, une immense salle à manger hors du temps, en forme de brasserie honnête, parlementaire de surcroît puisque l'Assemblée siège à côté. Crêpes Suzette flambées au Grand Marnier.

VIIIᵉ arr.

Le Bœuf sur le Toit / 43 59 83 80 Repas 109/250 F

Dans le style des années 25, une brasserie très réussie tant pour sa décoration que pour sa tenue culinaire. Crêpes flambées au Grand Marnier.

La Rochelle / 47 23 47 11 Repas 25/320 F

La mer a tout inspiré avec une certaine réussite et surtout beaucoup de fraîcheur. Le dessert lui est loin de cette constance. Crêpes fourrées à l'ananas.

XIᵉ arr.

Chez Fernand / 43 57 56 25 Repas 100/160 F

La Normandie dans tous ses élans interprétée par un personnage hors du commun, dans un endroit pour le moins curieux. Crêpes aux pommes flambées au Calvados.

ESTOFINADO

Une curiosité venue de la Lozère, du Rouergue et alentour. Une seule maison à Paris la maintient avec une fidélité touchante. En profiter relève de la révélation...

IIIᵉ arr.

Ambassade d'Auvergne et du Rouergue / 42 72 31 22 Repas 200/300 F

Dépaysement extrême en une auberge paraissant venue là en direct de ces lointains profonds. Estofinado. Voir aussi « aligot » p. 181 et « lièvre en cabessal » p. 204

FILET DE BŒUF EN BELLEVUE

Passé plutôt entre les mains des traiteurs il existe souvent, au hasard des plats du jour. Pierre Vedel en fait un vrai bijou, très régulièrement.

XVᵉ arr.

Pierre Vedel / 45 58 43 17 — Repas 250/300 F

Un des restaurateurs les plus sains et les plus généreux de Paris. Toute une leçon à lui tout seul. Filet de bœuf en Bellevue en plat du jour.

GARBURE

Iᵉʳ arr.

Carré des Feuillants / 42 86 82 82 — Repas 260/700 F

Très jolie réalisation décorative pleine d'originalité. Alain Dutournier a donné une autre dimension (grande) aux recettes de son terroir. Garbure.

IVᵉ arr.

Le Grizzli / 48 77 77 56 — Repas 120/230 F

Bientôt un siècle d'existence pour ce bistrot qui entretient sa patine et ses grands miroirs reflétant le Sud-Ouest. Garbure sur commande.

VIIᵉ arr.

Chez l'Ami Jean / 47 05 86 89 — Repas 130/170 F

Ambiance rugby, café de village, coude à coude fervent et grande franchise d'une cuisine délurée et décontractée. Garbure.

XIᵉ arr.

Le Roudoulié / 43 79 27 46 — Repas 92/200 F

Fresques imprévues et oniriques pour ce petit restau-bistrot de quartier tenant ses promesses de sincérité quotidienne. Garbure sur commande.

XIIIe arr.

Auberge Etchegorry / 44 08 83 51 Repas 135/250 F

Un folklore qui ne se cache pas et qui ne dissimule pas ses vérités premières, celles d'une terre mère. Garbure.

GASPACHO

IIe arr.

La Movida / 42 21 98 60 Repas 130/200 F

La plus pittoresque ambiance du Paris ibérique dans des caves voûtées très anciennes. C'est la fête en V. O. Gaspacho l'été.

IVe arr.

Baracane / 42 71 43 33 Repas 75/150 F

Toujours ce Sud-Ouest prolifique mais revu avec un certain raffinement et franchissant aussi les Pyrénées. Gaspacho.

V^e arr.

Le Petit Châtelet / 46 33 53 40 Repas 115/170 F

Bien chaleureux ensemble très bois ; avec Notre-Dame en vue proche. Amusantes modernités à goûter. Gaspacho de fruits frais.

XIVe arr.

Bistrot de la Gaîté / 43 22 86 46 Repas 120/170 F

Dîner-spectacle un peu désuet mais tellement touchant. On y déjeune aussi en franche cordialité. Gaspacho glacé aux queues de langoustines.

92 HAUTS-DE-SEINE

NEUILLY-SUR-SEINE / San Valero 46 24 07 87 Repas 150/300 F

Le meilleur « espagnol » de la capitale, sans excès de couleur locale, avec une sûreté de cuisson et de produits rare en la matière. Gaspacho.

GRATIN DAUPHINOIS
(et variantes)

VIIIe arr.

Berri's / 40 75 01 56 Repas 150/190 F

Étonnante modernité dans la conception de la salle à manger pour une démonstration de cuisine rustique ! Gratin de macaronis.

XIIIe arr.

L'Olivier / 43 31 36 04 Repas 90/155 F

Lieu plutôt baroque où se mélangent agréablement musique et table, le tout en approche presque comme chez soi. Gratin dauphinois.

XVIe arr.

Le Relais d'Auteuil / 46 51 09 54 Repas 230/500 F

Une réelle bonbonnière très 16e en voie de réussite avec un cuisinier sérieux, appliqué et bon élève. Gratin dauphinois.

XVIIe arr.

Michel Rostang / 47 63 40 77 Repas 298/700 F

Une des belles tables de Paris, heureuse certes mais vraiment trop chère en son rapport. Gratin dauphinois familial de référence.

La Toque / 42 27 97 75 Repas 150/280 F

Cocon plutôt douillet et calme, presque minuscule, pour des réalisations délicates et cossues en même temps. Gratin de pommes de terre au foie gras et aux morilles.

HACHIS PARMENTIER
(et variantes)

VIIe arr.

Au Pied de Fouet / 47 05 12 27 Repas 90/120 F

Extravagant bistrot d'un autre temps, plus que petit, où on « remplit » toutes les tables sans discussion. Rencontres elles aussi extravagantes. Hachis Parmentier.

VIIIe arr.

Le Fouquet's / 47 23 70 60 Repas 250/500 F

Institution des Champs-Élysées, classée comme lieu de mémoire : c'est tout dire de l'ambiance. La cuisine se tient. Hachis Parmentier Hossein.

L'Obélisque / 44 71 15 15 Repas 250/300 F

Le « petit » restaurant de l'hôtel Crillon. Chic, chic et snob sur fond de velours rouge et lustres de luxe. Sîîîmple ! Parmentier de filet de dorade à l'huile d'olive.

XIVe arr.

La Régalade / 45 45 68 58 Repas 160 F

Comment un cuisinier sous influence béarnaise fait un formidable succès mérité avec un menu-carte exploit. Un grand talent à petit prix. Hachis Parmentier de boudin noir béarnais.

XVe arr.

L'Agape / 45 58 19 29 Repas 95/120 F

Une jolie réussite de cette dernière année : cuisine charmeuse et charmante, apportant beaucoup, prix dérisoires. A recommander ! Parmentier de confit de canard.

HARICOT DE MOUTON

Plat de collection comme d'histoire, venu du Moyen Age il commence à se refaire une jeunesse.

Ier arr.

Chez la Vieille / 42 60 15 78 Repas 250/340 F

Voir « bœuf miroton » p. 184

La Tour de Monthléry / 42 36 21 83 Repas 200/300 F

Les Halles d'antan ont vu sa gloire, et sous ses vieilles poutres entre des murs très bric et broc on mange authentiquement bistrot à tout va. Haricot de mouton.

XVIe arr.

Le Vivarois / 45 04 04 31 Repas 345/650 F

Voir « coq au vin » p. 194

HOMARD À L'AMÉRICAINE
(et variantes)

Ier arr.

Goumard-Prunier / 42 60 36 07 Repas 400/700 F

Élégance années 20 rectifiées années 80, mais toujours une véritable relation passionnelle avec la grande pêche de luxe. Homard à l'américaine.

IVe arr.

L'Ambroisie / 42 78 51 45 Repas 650/1000 F

Certainement une ravissante salle à manger, mais tout est à l'ennui sauf les plats brillants, originaux à la rigueur sereine. Fricassée de homard de Bretagne à l'américaine.

VIe arr.

Le Relais Louis XIII / 43 26 75 96 Repas 190/380 F

On s'y croirait et il ne manque que le Cardinal et les Mousquetaires. Cuisine à la pointe de l'épée avec beaucoup de moulinets. Fricassée de homard bleu au sauternes.

VIIIe arr.

La Marée / 43 80 20 00 Repas 500/800 F

Une forme de constat de réussite et de réussites. Décor pigeonnant, poissons en marée haute, service amiral. Homard à l'américaine.

XIe arr.

Auberge Pyrénées-Cévennes / 43 57 33 78 Repas 200/300 F

Repas au long cours dans cette salle à manger échappée d'un film provincial des années 60. Homard grillé beurre d'estragon.

JARRET DE VEAU
(et variantes)

VIe arr.

Le Caméléon / 43 20 63 43 Repas 160/210 F

On peut venir là de père en fils : c'est la continuité des braves bistrots de quartier. Rien n'y change, ni le décor vieillot et typé ni ce que l'on y sert en confiance. Tendron de veau aux pâtes fraîches.

Le Paris / 49 54 46 90 Repas 250/350 F

Environnement salle à manger de paquebot de l'entre-deux-guerres : beau. On se met à table comme jadis quand il y a avait des cuisiniers chez soi. Jarret de veau de Corrèze braisé.

XIIᵉ arr.

L'Ébauchoir / 43 42 49 31 Repas 60/130 F

Très Sempé dans le dessin et populiste dans l'atmosphère. On y a vite son rond de serviette quand on tavaille dans le coin. Tendron de veau.

XVIᵉ arr.

Faugeron / 47 04 24 53 Repas 290/800 F

Luxe laborieux et trompetant, gentillesse extrême, et une garantie de très belle cuisine en haute sécurité. Jarret de veau.

XVIIᵉ arr.

Pétrissans / 42 27 52 03 Repas 155/220 F

Une boutique de vins très noble et son restaurant petit-bourgeois bien distingué pour de véritables gourmandises familiales. Tendron de veau à la campagnarde.

LIÈVRE A LA ROYALE

IIᵉ arr.

Drouant / 42 65 15 16 Repas 290/600 F

Les Goncourt y mangent une fois par an mais ils doivent rêver à cette ambiance feutrée et regretter de ne pas y venir tous les jours. Lièvre à la royale.

92 HAUTS-DE-SEINE

NEUILLY-SUR-SEINE / Le Chambord 47 47 37 17 Repas 250/400 F

Négligé des guides mais aimé d'habitués venant là depuis toujours en repas festins fort riches. Lièvre à la royale.

P.-S. : Mais aussi toutes les maisons citées « civet de lièvre » (voir p. 193) où le lièvre à la royale apparaît en saison de gibier, le plus souvent sur commande.

LIÈVRE EN CABESSAL

Se mijote au plus creux des marmites d'un bout du monde qui se tient du côté du Lot. A Paris, au nom de la nostalgie régionale, une seule adresse, et pas beaucoup plus là-bas.

IIIe arr.

Ambassade d'Auvergne et du Rouergue / 42 72 31 22 Repas 230/280 F

Pour ce même esprit de mémoire, voir « aligot » p. 181 et « estofinado » p. 196

MACARONIS ROSSINI

Extrême du plat baroque inventé par un compositeur qui mettait autant de cuivres dans ses opéras que dans sa cuisine. Exclusivité d'un seul palace à Paris.

VIIIe arr.

Le Jardin des Cygnes au Prince de Galles / 47 23 55 11 Repas 250/500 F

Décoration en représentation et ronds de jambe, très tapis rouge. La réussite rare des macaronis Rossini annonce celle du reste.

MERLAN

VIe arr.

Le Procope / 43 26 99 20 Repas 99/200 F

Trois siècles d'histoire, la table de Voltaire et un merlan Colbert de bonne tête.

VIIIe arr.

Le Bistrot de Marius / 40 70 11 76 Repas 200/230 F

Cela se voudrait très bistrot du port et des pêcheurs. En fait, une honnête vocation marine. Merlan Colbert.

XIIIe arr.

La Table d'Honfleur / 47 07 01 15 Repas 130/160 F

Une petite affaire entre mari et femme, lui aux casseroles et elle en salle. Cuisine très bonhomme. Papillote de merlan au fumet de saint-jacques.

XVIe arr.

La Rotonde de la Muette / 45 24 45 45 Repas 119/200 F

Veut être à la Muette ce qu'est le Stella à l'avenue Victor-Hugo : une brasserie bon chic. Cela est. Merlan frit en colère.

MOUCLADE

VIIe arr.

Le Divellec / 45 51 91 96 Repas 270/600 F

Le carré des gens qui nous gouvernent ou veulent nous gouverner. A la barre, un géant de caractère qui sait ce qu'est le vrai poisson. Son truc, c'est le homard à la presse mais il adore aussi certains jours la mouclade.

XIVe arr.

Le Dôme / 43 35 25 81 Repas 350/500 F

Une brasserie de luxe historico-littéraire et une marée de haute vague dont les brasseries ne sont pas coutumières. Mouclade.

Le Duc / 43 20 96 30 Repas 300/500 F

Très cabine de bateau intemporel : on y a quasiment inventé la mer et les poissons. Cuissons de rêve et sauces aériennes en filigranes. Mouclade.

ŒUF EN MEURETTE

XIe arr.

Clown Bar / 43 55 87 35 Repas 120/160 F

Zinc, affiches anciennes, murs ornementés : il y a un sacré caractère dans ce café devenu bar à vins. Le voisinage du Cirque d'Hiver ne signifie pas que la cuisine y est une farce. Clientèle d'habitués jaloux de leur domaine. Œufs en meurette.

XIIe arr.

Le Bouchon Beaujolais / 43 43 62 84 Repas 150/200 F

Un bouchon, c'est un bistrot à Lyon, avec en plus les spécialités locales. A Paris, il reste lui-même et on réalise que son décor cousine vraiment avec ce qui se fait dans la capitale. Œufs en meurette.

XIVe arr.

Auberge du Petit Tonneau / 43 27 55 85 Repas 100/250 F

Référence d'arrondissement avec cependant de fortes personnalités à la direction et aux services. Les classiques y sont mis en valeur. Œufs en meurette.

Le Bourbonnais / 43 20 61 73 Repas 150/250 F

Comme dans un brave, vieux et sympathique village du bout de la France. On s'y croirait. Pas étonnant qu'un certain conservatisme y soit très à l'aise. Œufs en meurette.

XVIe arr.

La Fontaine d'Auteuil / 42 88 04 47 Repas 170/350 F

Les familles du cru, en coutume de bien vivre, aiment à s'y rencontrer en retrouvailles. Œufs en meurette.

OMELETTE DU CURÉ

Elle participe d'une certaine archéologie gourmande en cours de dégagement. A Paris, un seul cuisinier, très contemporain pourtant, ose l'inscrire, avec bonheur, régulièrement en plat du jour. Néanmoins, sur commande, les cuisines des grandes maison assurent.

XVe arr.

Pierre Vedel / 45 58 43 17 Repas 250/300 F

Voir « bourride » p. 186 et « filet de bœuf en Bellevue » p. 197

PÂTÉ DE CAILLES
(et variantes)

Ve arr.

Atelier Maître Albert / 46 33 13 78 Repas 230 F

Un vieux quartier d'histoire et une salle à manger qui a également la sienne entre poutres et murs bruts. Brave action culinaire. Salade de cailles rôties.

XIe arr.

L'Aiguière / 43 72 42 32 Repas 125/300 F

Tout est aimablement néo-classique. Le décor comme ce que l'on y sert. De bons points. Poupeton de caille comme un chausson.

XIIIe arr.

Le Givry / 43 31 62 04 Repas 95/220 F

Une gentille adresse dans ce quartier plutôt excentré. On y fait très dans la manière bourgeoise. Caille rôtie au miel.

PÊCHE MELBA

Après avoir été la tarte à la crème des restaurants, l'authentique pêche Melba n'est plus qu'une curiosité de palace ou de repas de fête. Attention aux copies non conformes.

Ier arr.

L'Espadon du Ritz / 42 60 38 30 Repas 350/600 F

Une part de rêve dans le patio d'été et la salle à manger en opéra baroque ou le personnel tourbillonne. La cuisine est tout en panache. Pêche Melba.

PIED DE COCHON

Ier arr.

Au Pied de Cochon / 42 36 11 75 Repas 119/250 F

Les vieilles Halles de la capitale ont disparu mais le Pied de Cochon demeure. Décor brillant de miroirs gravés, fixés sous verre des années 80, et toujours les incontournables de la brasserie. Pied de cochon grillé béarnaise.

Escargot Montorgueil / 42 36 83 51 Repas 200/350 F

Un des plus anciens et des plus remarquables décors de Paris. Un siècle de moulures, bronzes et velours, un plafond de Sarah Bernhardt, des escargots en variétés et un pied de porc vérité.

IIe arr.

Gallopin / 42 36 45 38 Repas 150/300 F

Repaire à midi des boursiers attachés à la manière club anglais du décor. Pied de cochon grillé aux pommes sarladaises.

VIᵉ arr.

Lipp / 45 48 53 91 — Repas 180/250 F

Monument de la brasserie politique et mondaine, nirvana des initiés, espoir des autres. Un monument (bis). Pied de porc farci.

XVIIᵉ arr.

Le Bistrot d'à côté Flaubert / 42 67 05 81 — Repas 195/270 F

Espace entre loge de concierge de grand-père et boutique de brocanteur. Technique de cuissons et éparpillement des choix. Désossé de pied de porc pané.

PIEDS DE MOUTON POULETTE (et variante)

XIᵉ arr.

Cartet / 48 05 17 65 — Repas 150/300 F

Une femme en fait un petit bijou dans son bistrot épique. Pieds de mouton à la poulette.

XVIIᵉ arr.

Le Clos Longchamp du Méridien / 40 68 00 70 — Repas 250/500 F

Sur un jardin calme, volume élégant et tranquille pour une cuisine de très grande finesse. Exercice de style réussi avec un filet de bœuf aux trois pieds truffés.

PIEDS ET PAQUETS

VIᵉ arr.

La Bastide Odéon / 43 26 03 65 — Repas 135/200 F

Un favori des Parisiens sages qui savent sortir. Il leur a apporté un vrai goût de Provence un beau jour d'été. Pieds et paquets d'agneau à la provençale.

XVe arr.

L'Aillade / 47 83 51 22 Repas 135/280 F

De l'enseigne à la patronne, tout a l'accent ici. Alors les préparations n'en manquent pas non plus. Pieds et paquets marseillais.

Aux Senteurs de Provence / 45 57 11 98 Repas 150/300 F

Retenir la perfection de leurs pieds et paquets. Voir aussi « bouillabaisse » p. 185

La Farigoule / 45 54 35 41 Repas 200/300 F

Des personnages à la Pagnol dans un minuscule cabanon du dimanche. Beaucoup de couleur dans les plats. Pieds et paquets marseillais.

PINTADE AU CHOU
(et variantes)

XIIe arr.

La Sologne / 43 07 68 97 Repas 150/250 F

Tout y est sans histoire, donc heureux. Une grande règle aux fourneaux : la précision avec du cœur. Pintade rôtie au jus et son embeurrée de choux.

XIVe arr.

Lous Landes / 45 43 08 04 Repas 190/300 F

Très chiffon délicat en décoration et très pieds sur terre pour ce qui sort des casseroles avec des résurgences inattendues de finesse. Pintadeau désossé sauté aux oignons.

XVIIIe arr.

A. Beauvilliers / 42 54 54 42 Repas 185/400 F

Le plus ravissant et le plus romantique des établissements de France :

un rêve d'orfèvre. On a suivi en cuisine avec le même esprit d'esthète. Pintade au chou peinte aux épices d'Orient.

POCHOUSE

Décidément les rivières et leurs poissons ne doivent plus être ce qu'ils étaient. Une seule adresse à Paris pour la pochouse.

VIe arr.

Chez Maître Paul / 43 54 74 59 Repas 180/300 F

Voir « coq au vin » p. 194

POMMES DE TERRE SOUFFLÉES

Toujours cette simplicité si ardue à maîtriser.

VIIe arr.

L'Arpège / 45 51 47 33 Repas 390/700 F

On frôle là une certaine perfection au travers d'une belle imagination et d'une précision d'exécution notable. Décoration en originalité d'épure. Pommes soufflées.

POTAGE GERMINY

Une naissance de caste, un parcours prodigieux, puis un oubli non mérité. Il reparaît sur la pointe des pieds. A suivre pour son exception.

IXe arr.

Venantius / 48 00 06 38 Repas 210/500 F

Maison remarquable osant réhabiliter de grands plats pourtant toujours en prise avec aujourd'hui. Déjà cité pour le « chaud-froid » p. 190.

POULARDE TRUFFÉE
(et variantes)

Ier arr.

Chez Pauline / 42 96 20 70 Repas 220/330 F

Le lieu semble arrivé tout droit de l'époque Labiche : c'est le charme d'une autre époque. On y sert évidemment très bourgeois. Poularde truffée.

VIIIe arr.

Les Élysées du Vernet / 47 20 80 81 Repas 280/350 F

Sous une verrière 1900 presque mythique, un grand moment consacré à la Provence, avec un « plus » cossu. Poulet fermier à la truffe noire sous la peau.

XVIe arr.

Le Chalet des Îles / 42 88 04 69 Repas 220/300 F

Voyage sur une île lointaine au Bois de Boulogne dans un chalet à bras ouverts. Poularde de Bresse en nage de légumes.

POULE AU POT

Ier arr.

La Poule au Pot / 42 36 32 96 Repas 185/300 F

Des dizaines d'années qu'elle dure, la poule au pot, dans ce pittoresque souvenir des Halles d'avant-hier.

IVe arr.

La Guirlande de Julie / 48 87 94 07 Repas 165/250 F

Une auberge évoquant le passé très composé de ce quartier du Marais et de la place des Vosges. Claude Terrail, de la Tour d'argent, y fait servir la poule au pot farcie depuis plus de 30 ans.

XVIe arr.

Paul Chêne / 47 27 63 17 Repas 250/400 F

La quiétude provinciale entre boiseries et velours rouge pour ceux qui savent prendre le temps de vivre à table. Poule au pot d'anthologie.

XVIIIe arr.

Marie-Louise / 46 06 86 55 Repas 120/200 F

Une escale accueillante pour un passage dans le quartier. Poularde Marie-Louise.

POULET MARENGO

Il n'a pas encore gagné la bataille de son retour. Pourtant, sur commande, comme à l'Étoile d'or de l'hôtel Concorde-Lafayette...

XVIIe arr.

L'Étoile d'Or / 40 68 51 28 Repas 250/500 F

Le cossu d'un grand hôtel moderne qui joue l'intimité dans ses étages. Belle tenue gastronomique. Poulet Marengo.

PURÉE DE POMMES DE TERRE

Un grand chef médiatique a fait croire que c'était le chef-d'œuvre du siècle. Ah bon ? Autant signaler donc son adresse pour aue chacun se fasse son opinion.

Joël Robuchon / 47 27 12 27 Repas 900/1200 F

Salles à manger très nouveau riche anglo-saxon, direction de salle imaginant détenir les clefs du Paradis, cuisine exceptionnelle et purée de pommes de terre.

QUENELLE DE BROCHET

Vᵉ arr.

Moissonnier / 43 29 87 65 Repas 200/300 F

Une mode qui dure depuis, depuis... Ce style campagne à Paris et ce talent de faire manger lyonnais continueront longtemps encore. Quenelles de brochet.

VIIᵉ arr.

Le Bellecour / 45 51 46 93 Repas 160/380 F

Lieu chaleureux et rassurant entre les mains d'un homme sympathique, amoureux de la cuisine lyonnaise en même temps que de celle d'aujourd'hui. Éblouissante réussite que ses quenelles.

Xᵉ arr.

Les Tramways de l'Est / 42 09 51 15 Repas 96/170 F

Une brasserie de gare plutôt meilleure que d'autres, et plus agréable aussi au travers de son genre 1920. Quenelle lyonnaise.

XIIᵉ arr.

Le Train Bleu / 43 43 09 06 Repas 195/350 F

Voir « côte de veau Foyot » p. 195

XVIe arr.

Brasserie Stella / 47 27 60 54 Repas 180/250 F

Les snobs du 16e arrondissement en grandeur nature, version originale et en situation dans leur brasserie culte. Quenelle de brochet.

RISOTTO

VIIe arr.

Le « 34 » / 45 55 80 75 Repas 200/300 F

La personnalité de la patronne, son allant et comme un air d'Italie authentique. Risotto au fromage fumé.

XIIe arr.

Sipario / 43 45 70 26 Repas 100/220 F

Sans doute le plus original de tous les transalpins posés dans la capitale. Les plats sont souvent inédits, fermement pensés et la belle clientèle apprécie. Risotto « alle erbe con ragu di salmone ».

XVIe arr.

Giulio Rebellato / 47 27 50 26 Repas 170/300 F

Très, très commedia à l'italienne dans l'accueil. Le risotto « milanese », lui, est très sérieux.

In Fine la Daïra / 47 27 27 50 Repas 170/250 F

Carrément très cossu et d'une esthétique moderne toute roucoulante comme le risotto aux asperges.

XVIIe arr.

Sormani / 43 80 13 91 Repas 350/550 F

Allure boudoir et galerie d'art pour l'italien le plus recherché de Paris, en finesse absolue et caressante. Risotto aux légumes.

SALADE DE POMMES DE TERRE (et variantes)

Ier arr.

Brasserie du Louvre / 42 96 2798 Repas 95/200 F

Emplacement au plus parisien avec la Comédie-Française, le Louvre, le Palais-Royal. Ambiance Directoire-Empire. Plats de brasserie. Salade de pommes de terre au Morteau.

VIIIe arr.

Le Petit Montmorency / 42 25 11 19 Repas 250/600

Installation moderne, originale et séduisante pour une table de très, très haute distinction. Admirable salade de pommes de terre et truffes.

XVIIe arr.

La Pomme d'Amour / 42 67 15 40 Repas 200/250 F

Un cadre très mignon, gai et coloré. Un peu à l'image de spécialités souvent à tendances modernes. Galette de pommes de terre aux langoustines.

XIIe arr.

Au Pressoir / 43 44 38 21 Repas 350/500 F

Salade de roseval au foie gras. Voir « brandade de morue » p. 187

Au Trou Gascon / 43 44 34 26 Repas 180/400 F

Pâté de pommes de terre truffes et foie gras. Voir « cassoulet » p. 190

SAUCE AU BEURRE BLANC

X^{e} arr.

La Grille / 47 70 89 73 Repas 200/300 F

Institution du beurre blanc (turbot somptueux) au milieu d'un folklore « parigot parisien » très réjouissant.

XIe arr.

Le Villaret / 43 57 89 76 Repas 150/200 F

Style café en dérive vers la cuisine qu'il réussit parfaitement dans le genre ménage et bistrot. Saumon beurre blanc.

XIVe arr.

Le Limours / 43 27 20 66 Repas 140/250 F

Proche d'une porte de Paris et déjà provincial carrément familial : y manger bourgeois est d'évidence. Bar au beurre blanc.

XVIIe arr.

Chez la Mère Michel / 47 63 94 14 Repas 145/300 F

Haut lieu du beurre blanc que cette minuscule salle à manger pour initiés. Saint-pierre au beurre blanc.

Le Lyonnais / 45 72 00 82 Repas 120/280 F

Brave restau très familier de quartier, marqué par une vocation lyonnaise sincère. Poissons beurre blanc selon le plat du jour.

SAUCE BÉARNAISE

Ier arr.

Lescure / 42 60 18 91 Repas 100/150 F

Quasiment à la Concorde, un bistrot parisien-auberge campagnarde pour des plats tontons et pas chers. Turbot pour la béarnaise.

VIIIe arr.

Le Relais Plaza / 47 23 46 36 Repas 285/450 F

Mondialisme d'une clientèle en or massif pour le « p'tit » restaurant façon snack richissime de ce palace. Immense carte « grill ». Entrecôte béarnaise.

XVe arr.

Le Western / 42 73 92 00 Repas 150/300 F

Sûr, shérif, ça c'est du steak : restaurant en décor de l'Ouest dans un hôtel Hilton pas trop américain. Superbe T-bone avec la béarnaise.

XVIe arr.

Le Brandevin / 42 24 19 33 Repas 190/230 F

Lorsque le 16e arrondissement s'encanaille dans un bistrot dinosaure, généreux et franc. Filet de bœuf solide pour la béarnaise.

SAUCE BÉCHAMEL

Elle est difficile à réussir et considérée aussi comme désuète. Les jeunes grands chefs l'osent sur demande, comme Guy Savoy.

XVIIe arr.

Guy Savoy / 43 80 40 61 Repas 420/750 F

Un grand talent incontournable mais parfois sautillant dans son décor très golden boy. Cardons à la béchamel.

SAUCE BOLOGNAISE

Présente dans tous les « italiens » de la capitale, elle est rarement mise en avant. Au Stresa, on en fait gloire, fort justement.

VIIIe arr.

Le Stresa / 47 23 51 62 Repas 280/350 F

Délicieux genre mondain des années 60 et vedettes non stop en présence permanente, traités en joie, par des frères au plus italien. Sauce bolognaise.

SAUCE MAYONNAISE

Elle se vend plus souvent en pot ou en tube. Tous les chefs savent la tourner mais seuls les grands lui donnent un goût autre. C'est le cas dans ce palace qu'est le Crillon.

VIIIe arr.

Les Ambassadeurs du Crillon / 44 71 15 00 Repas 340/600 F

La salle à manger ne cache pas sa grandeur et son ampleur. On peut ne pas appartenir au Corps Diplomatique mais on y est traité comme tel. Mayonnaise.

XVIIᵉ arr.

Pétrissans / 42 27 52 03 Repas 155/220 F

Contradictoirement ce brave bistrot, déjà cité (voir « jarret de veau », p. 203), s'en réclame aussi avec un vieux classique, le colin froid.

SOLE NORMANDE

Plat de concours, réputé complexe, long à préparer, délicat à mettre en son meilleur, il est toujours une curiosité. Seul encore un palace, le Crillon, accepte de le relancer avec le même stupéfiant brio que tout le reste de sa cuisine.

VIIIᵉ arr.

Les Ambassadeurs du Crillon / 44 71 15 00 Repas 340/600 F

Voir « sauce mayonnaise » p. 219

SOUFFLÉ

Iᵉʳ arr.

Le Soufflé / 42 60 27 19 Repas 180/250 F

Maison à l'intérieur étrangement hispanisant mais tenant à sa carte une collection de soufflés unique au monde. Soufflé Rothschild.

VIIIᵉ arr.

Maxim's / 42 65 27 94 Repas 700/1000 F

On est prié de ne pas tenir compte du mythe, de venir y déjeuner dans un décor en superlatif 1900 : alors, hors nostalgie, on profitera d'une très bonne table classique et d'un service hors pair. Soufflé au Grand Marnier.

Les Princes / 47 23 54 00 Repas 250/500 F

Installation princière sur le mode des années 30 pour des repas meilleurs que ne le disent les jaloux. Grand service. Soufflé à la liqueur d'abricots.

XVe arr.

Le Gastroquet / 48 28 60 91 Repas 200/250 F

Un couple qui sait ce que tenir un bon petit restau de quartier veut dire. Merci. Soufflé au café.

TARTE TATIN

Ier arr.

Le Dauphin / 42 60 40 11 Repas 80/140 F

Après s'être ruiné en achats luxueux dans le faubourg Saint-Honoré, il faut pousser jusqu'ici, dans la rue Saint-Honoré : un petit repas bienveillant et pas cher attend. Tarte Tatin.

La Fermette du Sud-Ouest / 42 36 73 55 Repas 150/250 F

Son enseigne la définit en tout et mieux que tout : en plus un copieux insoupçonnable. Tarte Tatin.

VIe arr.

Le Restaurant des Beaux-Arts / 43 26 96 24 Repas 75/150 F

Beaucoup pour la curiosité d'une décoration au plus XIXe essoufflé et une clientèle du quartier, pittoresque. Tarte Tatin à la crème.

XXe arr.

Les Allobroges / 43 73 40 00 Repas 81/150 F

Un petit bijou pour des repas taillés en brillants à des prix en or. Tarte Tatin.

TÊTE DE VEAU

VIe arr.

Le Bistrot d'Alex / 43 25 77 66 Repas 140/200 F

Des tableaux et des lithos partout et toujours des éditeurs et leurs auteurs. L'endroit détient la séduction des petits espaces. Côté nourritures terrestres, de fameux mâchons, et la Provence. Tête de veau.

VIIIe arr.

Chez Tante Louise / 42 65 06 85 Repas 250/350 F

Les années 50 dans tout leur éclat conservateur et délicieusement rétro chic. Solide continuité des fourneaux de papa. Tête de veau gribiche en salade.

XIIIe arr.

Chez Grand-Mère / 47 07 13 65 Repas 95/150 F

La tête de veau sauce gribiche s'inscrit parfaitement dans l'esprit de ce bistrot à la décoration fourre-tout et très bras de chemise.

XIXe arr.

Au Cochon d'Or / 42 45 46 46 Repas 240/400 F

Confort évident et un peu bedonnant où l'on pratique depuis des générations le grand rituel de la viande pour la viande. Mais les abats n'y sont pas en reste non plus. Salade de tête de veau sauce moutarde.

TOURNEDOS ROSSINI

VIIIe arr.

Le Régence du Plaza-Athénées / 47 23 78 33 Repas 330/700 F

Toute une civilisation « palace » dans cet environnement plutôt glorieux.

Le patio est admirable pour l'été. Grandes manières aux cuisines. Tournedos Rossini.

Les Géorgiques / 40 70 10 49 Repas 180/400 F

Une maison hors des courants : un Japonais y cuisine vieux français dans un décor parisien chic et sévère pour des Japonais tout en retenue. Filet de bœuf Rossini.

IXe arr.

Le Quercy / 48 78 30 61 Repas 78/300 F

Plus rustique sincère, ça n'existe pas. Plus accueillant, plus vrai, plus authentiquement simple, on ne trouvera pas non plus. Un beau moment de franc manger. Tournedos Périgourdine.

XVe arr.

Au Passé Retrouvé / 42 50 35 29 Repas 138/200 F

Dans la série salle à manger brocante et souvenirs, un très bon exemplaire. La cuisine bien honnête passe du bistrot au Sud-Ouest avec des clins d'œil ailleurs. Tournedos Rossini.

TRIPES À LA MODE DE CAEN (et variantes)

Ier arr.

Pharamond / 42 33 06 72 Repas 180/250 F

Très, très à l'ancienne, cette mise en scène XIXe qui atteint la perfection de l'époque. Ce passé parfait se double d'un autre passé parfait, celui des tripes à la mode de Caen, véritables morceaux d'anthologie.

XIe arr.

Anjou-Normandie / 47 00 30 59 Repas 140/250 F

Une des expressions de ce que fut longtemps la mode aubergiste dans la capitale. On y a particulièrement les pieds sur terre. Tripes maison.

Chez Fernand / 43 57 56 25 — Repas 100/160 F

Pour ses tripes au calvados. Voir aussi « crêpes Suzette » p. 196

VOL-AU-VENT

Un retour discret pour cette préparation passée surtout entre les mains des traiteurs. Une maison de prestige, la Grande Cascade, a osé la reprendre.

XVIe arr.

La Grande Cascade / 45 27 33 51 — Repas 285/450 F

Un pavillon Napoléon III dans le Bois de Boulogne : élégance et joie de vivre de ce temps là. Le vol-au-vent y prend un nouvel... envol.

Il ne s'agit là que d'une sélection de qualité et de caractère à partir des « plats qui ont fait la France » à Paris. Pour aller plus loin dans d'autres curiosités culinaires, il faut considérer le *Guide Lebey des restaurants de Paris* (éditions Julliard, 1995) comme une référence d'une confiance tout de même remarquable.

LES PLATS QUI ONT FAIT LA FRANCE EN RÉGIONS

En guise de hors-d'œuvre : certains de ces plats ne ressortent pas en tant que « spécialités » sur les cartes et les menus des restaurants. Cela ne veut pas dire qu'ils n'existent pas ou plus : on les trouve souvent au détour d'un « plat du jour ». D'autre part, cette sélection ne prétend pas être exhaustive. Enfin, à titre de précision, le double prix indiqué signifie : pour le premier, le tarif le plus bas au menu et pour le second, soit le plus élevé au menu, soit un prix moyen de la carte.

ALIGOT

12 AVEYRON

LAGUIOLE / Auguy 65 44 31 11 — Repas 110/280 F

Un voisin très célèbre, Michel Bras – tirant toute la couverture à lui –, avait failli faire oublier les autres dont cette solide maison qui assume en régionalisme absolu. Aligot avec une côte de bœuf d'Aubrac.

15 CANTAL

AURILLAC / Reine Margot 71 48 26 47 — Repas 100/180 F

Une discrétion qui ne signifie pas une fausse modestie ; mais ici on se contente de choses simples pensées et préparées avec toute la sincérité du cœur. Aligot.

48 LOZÈRE

FAU-DE-PEYRE / Boucharenc Tchit 66 33 11 00 Repas 60/100 F

On est villageois dans l'âme ou on ne l'est pas. Rencontres d'un autre type, celles du régionalisme pur et dur. Bravo ! Aligot.

ANDOUILLETTE

03 ALLIER

COMMENTRY / Michel Rubo 70 64 45 31 Repas 120/380 F

Comment d'un café de campagne on peut faire une vraie très bonne table. Le chef y est d'une grande imagination mais il s'accroche aussi à des vérités premières qu'il fait exploser. Andouillette « Dromart », considérée comme « la meilleure de France ».

05 HAUTES-ALPES

GUILLESTRE / L'Épicurien 92 45 20 02 Repas 130/200 F

Un très vieux village labyrinthe autour d'une maison dont les voûtes parlent d'antan. Joli travail de répertoire. Andouillette de Champsaur grillée aux haricots blancs.

10 AUBE

TROYES / Le Bourgogne 25 73 02 67 Repas 150/300 F

Aucune histoire, ni grande, ni petite autour de cet endroit. Simplement le cours réussi du travail bien fait et sans bruit. Andouillette de Troyes grillée.

52 HAUTE-MARNE

SAINT-DIZIER / La Gentilhommière 25 56 32 97 Repas 80/210 F

Beaucoup plus villa que maison noble, mais la gentillesse est à tous les rendez-vous. Très couleur locale, l'andouillette de Troyes à la moutarde de Meaux.

55 MEUSE

HOUDELAINCOURT / Auberge du Père Louis 29 89 64 14 Repas 70/200 F

Un de ces villages et une de ces auberges où en passant vers l'heure du repas on dit : « Tiens, si on s'arrêtait là ? » Et ça marche ! Andouillette de Troyes au vin de Meuse.

62 PAS-DE-CALAIS

BÉTHUNE / Le Meurin 21 68 88 88 Repas 180/300 F

La région est mise en exergue avec beaucoup de réalisme et de franchise. C'est comme cela que se maintiennent certains classicismes heureux. Rouelles d'andouillette d'Arras panées sauce au jus de porc.

69 RHÔNE

JULIÉNAS / Chez la Rose 74 04 41 20 Repas 90/250 F

Sur la place du village qui ne rechigne pas au folklore, une maison fait ressortir son brave passé rustique. On ne pouvait pas faire moins aux casseroles. Andouillette de Fleurie à la moutarde à l'ancienne.

87 HAUTE-VIENNE

LIMOGES / Le Versailles 55 34 13 39 Repas 60/180 F

Après la visite de la très impressionnante gare de Limoges, monument à la gloire ferroviaire, arrêt buffet pour une andouillette grillée à la moutarde ancienne.

89 YONNE

VENOY / Le Moulin 86 40 23 79 Repas 105/265 F

Une salle à manger ayant pris possession d'un moulin fait toujours preuve d'une étonnante séduction, sans même jouer le luxe. On s'y sent vraiment ailleurs. Feuilleté d'andouillette à la sauce chablisienne.

BLANQUETTE D'AGNEAU

33 GIRONDE

BORDEAUX / Saint-James 57 97 06 00 Repas 180/300 F

Dans le plus original des hôtels modernes de France, Jean-Marie Amat prouve toujours qu'il est un grand chef. Dans son annexe du Bistrot, il fait un malheur avec les plats du passé. Blanquette d'agneau à l'ancienne.

49 MAINE-ET-LOIRE

SAUMUR / Le Prieuré 41 67 90 14 Repas 220/400 F

La vie de château telle qu'on l'a toujours entendue sur les bords de la Loire. Maison noble, panorama de roi, cuisine avec des quartiers de noblesse. Blanquette de langue et joues d'agneau.

BLANQUETTE DE VEAU

14 CALVADOS

HONFLEUR / Bistro du Port 31 89 21 84 Repas 95/190 F

Stéréotype d'un restaurant à quai : terrasse en rez-de-chaussée pour le pittoresque, salle à manger au premier et carte aux poissons. Pourtant... blanquette de veau à l'ancienne.

27 EURE

IVRY-LA-BATAILLE / Le Moulin d'Ivry 32 36 40 51 Repas 160/300 F

Beaux moments bucoliques sur les bords de l'Eure dans ce moulin cossu dont les fourneaux tournent avec régularité et constance. Blanquette de veau à l'ancienne.

32 GERS

BARBOTAN-LES-THERMES / La Bastide Gasconne 62 09 57 61 Repas 160 F

Ce petit bijou mondain, joliment rustique, inventé par Mme Guérard, est bourré de charme. La cuisine, inspirée par Michel son mari, le grand Guérard, est une formidable et délicieuse affaire. Blanquette de jarret et tête de veau à la crème fraîche.

37 INDRE-ET-LOIRE

AZAY-LE-RIDEAU / Le Grand Monarque 47 45 40 08 Repas 95/300 F

Défense absolue de ces cuisines terriennes qu'ici on n'a jamais cru condamnées. Conception bourgeoise de la table, bien à l'image de cette belle maison du XVe. Blanquette de veau à l'ancienne.

56 MORBIHAN

AURAY / Restaurant de l'Abbaye 97 24 10 85 Repas 68/200 F

La personnalité très bretonne de la maison donne aussi son ton et son esprit à ce qu'on y cuisine. La terre est généreuse alentour. Blanquette de veau à l'ancienne.

BŒUF MIROTON

Trop modeste pour s'inscrire en haut de l'affiche. L'ardoise du jour lui convient et plus particulièrement sur les tables modestes. Dans les régions, il existe bien sûr, mais en toute discrétion.

BOUILLABAISSE

13 BOUCHES-DU-RHÔNE

MARSEILLE / Chez Fonfon 91 52 14 38 Repas 250/350 F

Même Pagnol n'aurait pas osé inventer un lieu et un personnage pareils : et pourtant ils existent. Une vraie carte postale de bord de mer. « Avé l'assent ». Bouillabaisse.

20 CORSE

PORTO-VECCHIO / Le Bec Fin 95 70 35 36 Repas 160/280 F

La mer bien sûr pour le plaisir des yeux, un décor en harmonie avec elle et des plats qui lui doivent tout. Bouillabaisse.

44 LOIRE-ATLANTIQUE

LE CROISIC / La Bouillabaisse 40 23 06 14 Repas 85/210 F

L'enseigne en dit assez et les bateaux de l'océan accostent presque aux cuisines. Atmosphère très « bistrot du port ». Bouillabaisse bretonne.

59 NORD

BAVAY / Le Bourgogne 27 63 12 58 Repas 110/350 F

On ne s'attend pas tout à fait à un plat de poissons dans cette salle à manger qui n'a rien de marine. Il est vrai que sa bouillabaisse se réclame des poissons de rivière. La mer est loin !

83 VAR

TOULON / La Réale 94 41 61 64 Repas 95/200 F

Avec un nom pareil, l'endroit ne pouvait pas être ailleurs que devant le port et sa marine de guerre. De son premier étage, la bouillabaisse domine la situation.

BOURRIDE

06 ALPES-MARITIMES

ANTIBES / La Bonne Auberge 93 33 36 65 Repas 175 F

Sans doute une des meilleures affaires de la Côte d'Azur : ensemble luxueux, service compétent, cuisine ensoleillée et sans histoire, et prix très sages. Bourride aux trois poissons.

SAINT-JEAN — CAP FERRAT / La Voile d'Or 93 01 13 13 Repas 250/500 F

Réputation d'un luxe très snob pour ce palace en miniature qui ne ressemble pas à un palace. Même élégance recherchée en cuisine, même Méditerranée au plus haut. Bourride saint-jeannoise.

13 BOUCHES-DU-RHÔNE

SALON-DE-PROVENCE / La Touloubre 90 55 16 85 Repas 120/240 F

Intéressante partie de campagne sur le thème de la Provence en état de plaisir. On se contente d'être en décontraction. Bourride de lotte.

30 GARD

ANDUZE / La Régalière 66 61 81 93 Repas 85/240 F

Une expression terrienne dans un vaste établissement qui tient le pari de soigner un grand nombre de clients. Bourride à la sétoise.

84 VAUCLUSE

AVIGNON / Les Frênes 90 31 17 93 Repas 195/490 F

Une vie de château presque exemplaire dans une demeure revue en modernité de bon goût. Reste cependant une manière très intimiste de voir les choses. Bourride de baudroie à la ciboulette.

BRANDADE DE MORUE

04 ALPES DE HAUTE-PROVENCE

FORCALQUIER / Hostellerie des Deux Lions 92 75 25 30 Repas 140/250 F

Admirable Provence encore protégée. Délicieuse maison sans prétention autre que celles du cœur et du bonheur à donner. Brandade de morue truffée à l'ancienne.

06 ALPES-MARITIMES

PEILLON / Auberge de la Madone 93 79 91 17 Repas 130/250 F

Impossible de savoir comment cette auberge institutionnelle a pu résister pendant 30 ans à la débâcle de la Côte. Aux fourneaux aussi, elle défend la vraie Méditerranée. Morue fraîche en brandade.

11 AUDE

CARCASSONNE / Le Château 68 25 05 16 Repas 90/150 F

La visite de la Cité est longue et cette mignonne salle à manger permet de reprendre des forces pour pas cher. Brandade de morue à l'occitane.

31 HAUTE GARONNE

TOULOUSE / Grand Café de l'Opéra 61 21 37 03 Repas 180/230 F

Café solennellement joyeux et point de rencontre de tout un monde depuis des générations. Un témoignage réussi de toute une civilisation urbaine. Cuisine type brasserie. Brandade de morue.

34 HÉRAULT

POILHES / La Tour Sarrasine 67 93 41 31 Repas 130/295 F

Autour de profiteroles de brandade de morue à la crème d'olive, une farandole sympathique de nouvelles références régionales. Le village est d'un pittoresque aux petits oignons.

81 TARN

ALBI / Moulin de la Mothe 63 69 38 15 Repas 140/250 F

Au bord du Tarn en toute langueur de fleurs. Beaucoup de sérieux dans les rapports avec les très bons produits locaux. Brandade à la tarnaise.

CANARD À L'ORANGE
(et variantes)

03 ALLIER

VICHY / Les Éperons 70 32 24 86 Repas 160/200 F

Dans les environs de Paris, on parlerait de guinguette du dimanche. Mais au lieu de la Marne, c'est l'Allier. La table guinche aussi. Canard à l'orange.

45 LOIRET

LES BÉZARDS / Auberge des Templiers 38 31 80 01 Repas 390/650 F

« Hameau » de « chaumières » pour milliardaires aux champs. Luxe impératif et presque kitsch de plaqué or. Délicieux séjour quasiment onirique, accueil au plus charmant. Comment pourrait-on ne pas y très bien manger ? Canard de Challans aux épices et fruits du temps.

CANARD AU SANG

76 SEINE-MARITIME

DEVILLE-LES-ROUEN / La Voûte Saint-Yves 35 75 03 17 Repas 80/230 F

Une bonne formule peu utilisée, celle du prix du plat principal définissant celui de tout le repas. Et bien sûr, une maison normande comme il se doit. Caneton rouennais.

DUCLAIR / La Poste 35 37 50 04 Repas 85/175 F

La Seine fait des manières presque sous les fenêtres mais depuis plusieurs générations que cela dure, on s'entend sur la pérennité de quelques plats-rites. Canard au sang dit « à la Denise »

ROUEN / Le Beffroy 35 71 55 27 Repas 150/275 F

Ravissante maison normande du XVIe comme il en reste hélas trop peu dans la cité. Son intimité va bien à la cuisine de femme qui est la sienne. Canard à la rouennaise.

ROUEN / La Couronne 35 71 40 90 Repas 150/400 F

La plus vieille auberge de France, en son état du XIVe ou presque. Voir « pieds de mouton poulette » p. 252.

85 VENDÉE

SAINT-VINCENT-STERLANGES / Lionel Guilbaud 51 40 23 17 Repas 115/195 F

On vient de loin pour cette élégance dans le phrasé à tendance régionale et pour le sens des épices en vagues douces. Filet de canard au sang au poivre mignonnette.

CASSOULET

11 AUDE

CARCASSONNE / Domaine d'Auriac 68 25 72 22 Repas 190/390 F

Ces énormes maisons châtelaines englouties dans leurs parc ont parfaitement réussi leur reconversion dans l'hôtellerie de luxe. Certains viennent y chercher d'imaginaires racines. Cassoulet.

CASTELNAUDARY / Fourcade 68 23 02 08 Repas 80/300 F

Depuis Castelnaudary, le cassoulet local a rayonné dans toute la France. Fourcade est son pape et son prophète. Cassoulet aux 3 confits.

33 GERS

PLAISANCE / Ripa Alta 62 69 30 43 Repas 75/320 F

L'endroit a une vraie gueule d'atmosphère et Coscuella, le patron, est un personnage épique. Quant à sa cuisine elle parle au plus gascon. Petits appétits s'abstenir. Cassoulet de haricots tarbais au foie gras.

81 TARN

CORDES / Hostellerie du Parc 63 56 02 59 Repas 125/280 F

Le parc révèle ce qui fut certainement une demeure de notable. La cuisine est très d'inspiration du moment, amarrée néanmoins à de solides constantes. Cassoulet à l'albigeoise.

CHAUD-FROID

69 RHÔNE

LIMONEST / La Gentil Hordière 78 35 94 97 Repas 150/250 F

Pour les Lyonnais, il est facile et rapide d'aller prendre l'air des hauteurs de Limonest dans ce chalet bonhomme où il y a parfois d'étonnants attendus. Chaud-froid de haddock sauce aigre-douce.

CHOU FARCI

12 AVEYRON

ESPALION / Le Méjane 65 48 22 37 Repas 110/250 F

Quelques exercices de style dans ce village qui se prend soudain d'une haute respiration créative. On adapte avec des soins d'orfèvre. Petit chou farci au foie gras jus de porto.

SALLES-CURAN / Hostellerie du Levezou 65 46 34 16 Repas 120/360 F

Touchante vieille maison fortifiée au cœur d'un village de haut caractère. Le patron n'a pas l'intention de changer quelque chose à ce qui se mijote depuis les arrières temps. Chou farci aux herbes du jardin.

29 FINISTÈRE

PLOUGASTEL-DAOULAS / Le Chevalier de l'Auberlac'h 98 40 54 56 Repas 105/230 F

Mais qu'est-ce qu'on attend pour classer lieu de mémoire une si remarquable salle à manger d'auberge de village ? Elle vaut le détour et sa cuisine se tient honorablement. Petits choux farcis au tourteau.

43 HAUTE LOIRE

LE PUY-EN-VELAY / Le Bateau Ivre 71 09 67 20 Repas 80/230 F

Le festival européen de musique des rues, celui des musiques et des chants du monde se tiennent en ville chaque année. On connaît donc aussi la musique douce des plats de plain chant. Chou farci aux foies de volaille et au boudin.

59 NORD

DOUAI / La Terrasse 27 88 72 04 Repas 15/320 F

Notre grand Nord ne déjante pas par l'imagination et on se charge ici avec originalité de mettre au goût du jour les recettes antédiluviennes. Chou farci de tête de veau à la vinaigrette d'orange.

79 DEUX SÈVRES

PARTHENAY / La Truffade 49 64 02 26 Repas 75/180 F

Dans cette capitale de la Gâtine, on sait ce que se mettre à table signifie. On y est même tolérant avec les spécialités d'ailleurs, comme ici celles de l'Auvergne. Chou farci au confit de canard.

CHOUCROUTE

67 BAS RHIN

STRASBOURG / La Maison Kammerzel 88 32 42 14 Repas 250/300 F

Face à la cathédrale, une des plus fantastiques maisons du XVe qui se puisse voir en France. L'intérieur vaut l'extérieur et aussi ce qui se trame en cuisine. Nombreuses variétés de choucroutes.

68 HAUT RHIN

COLMAR / Le Maréchal 89 41 43 17 Repas 280/520 F

La famille Schillinger est une de celles qui ont l'honneur d'avoir maintenu, en l'éveillant aussi, la vieille cuisine locale. Une des belles maisons de France. Choucroute du pêcheur aux poissons nobles.

LAPOUTROIE / Les Alisiers 89 47 52 82 Repas 78/210 F

Une fois de plus, une ferme bien placée a su devenir un restaurant agréable à fréquenter et bien pensé pour être au cœur du sujet. Salade de choucroute crue au cervelas rôti.

77 SEINE-ET-MARNE

MEAUX / Le Gonfalon 64 33 16 05 Repas 250/350 F

Parenthèse bon chic campagnard pour des escapades très discrètes avec la bénédiction d'une cuisine très inspirée au féminin. Canard col vert aux deux cuissons en choucroute.

86 VIENNE

POITIERS / Aux Armes d'Obernai 49 41 16 33 Repas 100/210 F

Entente cordiale dans les marmites des attendus alsaciens et des attendus poitevins. Il y a même de bien curieux mariages. Choucroute Alsace-Océan.

CIVET DE LIÈVRE

41 LOIR-ET-CHER

SOUVIGNY-EN-SOLOGNE / La Croix Blanche 54 88 40 08 Repas 75/270 F

Une certaine Mecque des chasseurs solognots qui savent y trouver ce qu'ils n'ont pas réussi à « tirer ». En toute nostalgie savoureuse. Civet de lièvre au chinon.

COQ AU VIN

15 CANTAL

LE LIORAN / Hôtel Anglard et du Cerf 71 49 50 26 Repas 75/220 F

Le Cantal joue son grand jeu alentour pour cette maison dont la vie est inséparable du village depuis toujours : points d'honneur à maintenir. Coq au vin.

25 DOUBS

BESANÇON / Poker d'As 81 81 42 49 Repas 88/200 F

Allègre consensus autour de toutes les manières de cuire, des anciens aux modernes, avec une lucidité calme. Coq « ivre de vin jaune ».

PONTARLIER / Grand Hôtel de la Poste 81 39 18 12 Repas 88/250 F

Un de ces hôtels qui participèrent aux grands événements de la vie officielle telle qu'on l'entendait dans les départements. Il prouve qu'il a su évoluer en conservant ses raisons d'être. Coq au vin rouge du Jura.

39 JURA

CHAUSSIN / Chez Bach 84 81 80 38 Repas 80/280 F

Même réflexion et même esprit que pour le précédent : les Parisiens doivent réaliser que la province continue à vivre au présent, et comme ici sait aller de l'avant. Coq de Bresse au vin jaune et aux écrevisses.

47 LOT-ET-GARONNE

AGEN / La Corne d'Or 53 47 02 76 Repas 102/300 F

Les gens qui comptent mais tiennent à la discrétion aiment se rencontrer ici sur les bords de la rivière pour des repas d'esprit régional et établi. Coq au vin à l'ancienne.

89 YONNE

AUXERRE / Maxime 86 52 04 41 Repas 180/300 F

On prouve ici que la ville, sans renier ses passés, est beaucoup moins à l'écart qu'on ne le croit. Certes le lieu est d'habitués mais il vaut qu'on s'arrête sur ce bord de rivière. Coq au vin préparé à l'ancienne arrosé au santenay.

CÔTE DE VEAU FOYOT

Plat de concours qui inquiète les chefs, d'autant qu'il est très simple à réaliser mais coûteux. Revient pas le biais des repas de grandes fêtes.

CÔTELETTES À LA CHAMPVALLON

Mme de Champvallon est encore en état de purgatoire gastronomique...

CRÊPES SUZETTE

A commander dans les grandes maisons qui aiment le panache en salle. Il en reste, surtout du côté des vrais grands hôtels.

ESTOFINADO

06 ALPES-MARITIMES

SAINT-PAUL-DE-VENCE / Le Mas d'Artigny 93 32 84 54 Repas 280/450 F

Une petite piscine pour chaque suite troglodyte et une piscine olympique pour les autres chambres. Parc et situation de rêve face à Saint-Paul-de-Vence. Grande quiétude pour le coup de fourchette. Estoficada niçoise, version grand Sud de l'estofinado aveyronnais.

FILET DE BŒUF EN BELLEVUE

Disparu sur les menus, il se fait pourtant exception pour les repas de fête sur commande. Les traiteurs le maintiennent sur leurs buffets.

GARBURE

32 GERS

LUPPE VIOLES / Le Relais de l'Armagnac 62 08 95 22 Repas 100/300 F

On a ramassé de vieux outils de l'agriculture dans les champs pour créer une décoration paysanne. Les plats suffiraient, avec ténacité. Garbure gersoise.

65 HAUTES PYRÉNÉES

LOURDES / Le Magret 62 94 20 55 Repas 80/250 F

Pas de miracle mais une saine vision de la cuisine les pieds sur terre. Un peu de pittoresque pour le moral. Garbure au confit de canard.

NESTIER / Relais du Castéra 62 39 77 37 Repas 95/230 F

La couleur locale a plus que jamais bon pied bon œil et n'est pas prête de se laisser aller à la décadence. Garbure de Bigorre au « camou » et au confit.

80 SOMME

ROYE / La Flamiche 22 87 00 56 Repas 125/450 F

Maison bourgeoise dans ses attendus décoratifs un peu comme chez soi lorsqu'on aime le passé de bon goût. Garbure d'huîtres chaudes.

GASPACHO

06 ALPES-MARITIMES

LA COLLE-SUR-LOUP / Le Diamant Rose 93 32 82 20 Repas 300/500 F

Une fantaisie en forme de danseuse aux aguets de Saint-Paul-de-Vence. Environnement de séduction et instances riches à la table. Gaspacho de homard relevé de piments doux, fine julienne de légumes croquants.

28 EURE-ET-LOIR

SANDARVILLE / Auberge de Sandarville 37 25 33 18 Repas 185/310 F

On a fait avec une ferme ancienne un restaurant pensé pour plaire aux Parisiens de passage et aux autres. On n'y révolutionne pas l'art de manger mais on perpétue. Gaspacho de saumon et de saint-jacques.

59 NORD

VALENCIENNES / La Grignotière 27 36 91 99 Repas 100/250 F

Il y a de l'assemblée de notables dans le spectacle de la salle à manger On leur sert ce qu'ils aiment lorsqu'ils plaident moderne. Saumon cru en gaspacho pain grillé de soja.

67 BAS RHIN

SÉLESTAT / L'Abbaye de la Pommeraie 88 92 07 84 Repas 230/420 F

En cœur de ville, la somme de toute une décoration néo-style vue avec un luxe et une naïveté touchants et épiques. Délicieux accueil et précision dans l'assiette. Gaspacho d'écrevisses et d'artichauts.

95 VAL D'OISE

MAGNY-EN-VEXIN / Le Gand Cerf 34 67 18 91 Repas 98/250 F

Il ne manque que Cyrano de Bergerac pour se chauffer devant la grande cheminée. Vous avez dit classique ? Terrine de légumes à l'avocat et son gaspacho.

GRATIN DAUPHINOIS

74 HAUTE SAVOIE

LA CLUSAZ / Le Vieux Chalet 50 02 41 53 Repas 100/280 F

Un chalet qui était là avant qu'on trace des pistes et c'est bien normal qu'elles arrivent directement à lui. Une femme y règne, en familiarité. En à la manière de, une gratinée de pommes de terre au reblochon.

HACHIS PARMENTIER
(et variantes)

03 ALLIER

MONTLUÇON / Le Grenier à Sel 70 05 53 79 Repas 120/340 F

Intéressants exercices de style franchement modernes dans une maison qui tient bon son pittoresque depuis quelques siècles. Parmentier de ris de veau.

14 CALVADOS

TROUVILLE-SUR-MER / La Petite Auberge 31 88 11 07 Repas 115/250 F

On en ferait facilement une parenthèse typique dans une nouvelle absolument normande. Vertueuse et bien pensante cuisine. Parmentier d'andouillette.

24 DORDOGNE

LALINDE / Hôtel du Château 53 61 01 82 Repas 98/320 F

On se voit très bien là en camp de base confortable pour rayonner dans la vallée de la Dordogne. Piscine et tout et tout. Régionalisme patent. Parmentier de foie gras de canard.

62 PAS-DE-CALAIS

MONTREUIL / Château de Montreuil 21 81 53 04 Repas 200/400 F

Très, très hôtel particulier sous influence britannique, avec la citadelle en premier plan. Très bon chic régional aux fourneaux. Parmentier de tourteau coulis de crustacés.

85 VENDÉE

LES SABLES-D'OLONNE / Beau Rivage 51 32 03 01 Repas 250/450 F

La plage ne se prive pas de s'étaler devant la maison qui domine la gastronomie locale en jouant sur tous les tons d'un beau talent éclairé, précis et raffiné. Parmentier de crustacés arrosé d'huile d'olive au basilic.

HARICOT DE MOUTON

Silence radio sur « Radio Cuisine » quant à ce plat qui pourtant se glisse dans les plus modestes restaurants des lointains profonds des régions. Se pencher alors sur les plats du jour affichés.

HOMARD À L'AMÉRICAINE (et variantes)

01 AIN

VONNAS / Georges Blanc 74 50 00 00 Repas 450/750 F

Toujours la grande classe et une authenticité évidente en dépit d'attendus qui ne manquent pas de modestie. Homard sauté aux 12 épices.

22 CÔTES-D'ARMOR

VAL ANDRÉ / La Cotriade 96 72 20 26 Repas 190/260 F

Vue panoramique sur le large comme de bien entendu et de très haut puisque c'est en étage. La marée semble sauter directement des vagues dans l'assiette tant elle est fraîche. Du métier ! Homard cotriade.

35 ILLE-ET-VILAINE

SAINT-MALO / À la Duchesse Anne 99 40 85 33 Repas 300/400 F

Le sens de l'histoire tous azimuts : la ville close, une terrasse secrète, un cuisinier respectueux du tout. Homard grillé Duchesse Anne.

60 OISE

COMPIÈGNE / Alain Blot restaurateur 44 85 60 24 Repas 250/400 F

Les Parisiens adorent ces villages qui ressemblent aux racines qu'ils n'ont pas. Un jeune cuisinier a choisi celui-ci pour vivre bien et faire sa cuisine d'allégresse. Homard au basilic.

62 PAS-DE-CALAIS

LE TOUQUET PARIS PLAGE / Flavio 21 05 10 22 Repas 200/720 F

Un demi-siècle de présence au sommet des restaurants élégants de la station. Travail au petit point et en raffinement. Un étonnant menu « tout homard ».

83 VAR

SAINT-TROPEZ / Château de la Messardière 94 56 76 00 Repas 210/420 F

Éblouissant château proche du surréalisme autant que de la Provence. En haut de colline selon les plus extrêmes plaisirs. Un très bon cuisinier y est d'évidence. Curry doux de homard aux tomates confites.

92 HAUTS-DE-SEINE

LA GARENNE-COLOMBES / Rose 47 85 39 80 Repas 150/350 F

Traiteur émérite, pâtissier réputé et aussi restaurateur. Le décor est furieusement kitsch péplum et le jardin pompier. Quant à la cuisine : classique et luxueuse. Homard à l'américaine.

JARRET DE VEAU

02 AISNE

SAINT-QUENTIN / Le Président 23 62 69 77 Repas 150/330 F

Un Breton égaré en Picardie, cela fait plusieurs cordes à son arc : poissons de ses origines et couleur locale d'adoption. Jarret de veau braisé à la bière de Péronne.

46 LOT

LACAVE / Le Pont de l'Ouysse 5 37 87 04 Repas 150/400 F

Terrasses et vérandas pour admirer l'environnement bucolique et châtelain. Beaucoup d'imagination en broderies sur le local pour satisfaire les appétits en quête de pittoresque. Mitonnée de jarret de veau réduit au vin blanc de Bergerac.

56 MORBIHAN

QUIBERON / La Chaumine 97 50 17 67 Repas 80/250 F

Décor parfait pour une opérette se passant dans un village de pêcheurs. Les poissons tiennent le dessus du panier. Pourtant, intéressant jarret de veau maison.

68 HAUT RHIN

RIBEAUVILLÉ / Le Bouc Bleu 89 47 88 21 Repas 115/250 F

Comme quoi la nouvelle cuisine a su aussi se faire connaître et apprécier sans pour autant écraser les coutumes du cru. Jarret de veau en tourtière de légumes.

74 HAUTE SAVOIE

ANNECY / Le Bilboquet 50 45 21 68 Repas 95/285 F

La vieille ville est un parfait bijou, ce petit restaurant à croquer et ce que l'on y mange d'une honnêteté parfaite. Jarret de veau cuit à l'os à l'ancienne.

LIÈVRE À LA ROYALE

Il ne se prépare pratiquement plus que sur commande hormis quelques tables parisiennes qui le pratiquent assez régulièrement en plat du jour de saison de chasse. Très cher et tellement riche...

LIÈVRE EN CABESSAL

Une rare curiosité...

46 LOT

FIGEAC / Les Carmes 65 34 20 78 Repas 105/320 F

L'enseigne ne laisse pas prévoir une installation très moderne, pas plus qu'une carte accrochée à des thèmes on ne peut plus enracinés alentour. Pas de lièvre, mais un lapin farci en cabessal.

MACARONIS ROSSINI

78 YVELINES

BOUGIVAL / Restaurant du Quai 39 69 18 98 Repas 118/150 F

Un premier étage joli et ravissant en forme de maison de poupée scandinave. Le poisson y est en petite fête. Gratin de macaronis au foie gras frais de canard.

MERLAN

Poisson dit pauvre, il met le rouge au front des cartes dans lesquelles il se glisse. Il y est mais on n'en parle pas, sauf dans quelques maisons très lancées de la capitale, et celle-ci, qui en est toute proche.

78 YVELINES

VERSAILLES / Les Trois Marches 30 84 38 00 Repas 260/550 F

Voir « pâté de cailles » p. 250. Magnifient aussi le merlan à la plaque.

MOUCLADE

13 BOUCHES-DU-RHÔNE

CHÂTEAUNEUF-LE-ROUGE / La Galinière 42 53 32 55 Repas 100/300 F

Une grosse habitation partie prenante de l'aventure provençale. Pas étonnant qu'elle s'en nourrisse toujours. Beaucoup de couleurs et de saveurs. Mouclade de Bouzigues à la crème d'ail nouveau.

17 CHARENTE-MARITIME

ÎLE D'OLÉRON / Les Bains 46 47 01 02 Repas 95/280 F

Les vacanciers adorent prendre leurs habitudes dans ce restaurant à chacun de leurs étés. Histoire de confiance. Mouclade charentaise.

ÎLE DE RÉ / L'Océan 46 09 23 07 Repas 67/200 F

D'une île à l'autre et toujours ce clin d'œil d'un hôtel branché sur la couleur locale sans court-circuit. Mouclade des Charentes.

34 HÉRAULT

AGDE / Benjamine 67 21 50 31 Repas 88/235 F

Une brave cuisine qui garde ses petits plats dans leur véritable raison d'être, en version originale. Mouclade gratinée.

78 YVELINES

VERSAILLES / La Marée de Versailles 30 21 73 73 Repas 240/260 F

On est en face des halles dans une salle à manger en forme de vacances au bord de la mer. De très beaux poissons y sont bien traités. Mouclade.

90 TERRITOIRE DE BELFORT

BOUROGNE / Le Picoton 84 23 52 61 Repas 110/180 F

Juste pour changer, une rivière, loin de l'océan. Et une variante de la mouclade. Soupe de moules de bouchot au potiron.

ŒUF EN MEURETTE

01 AIN

ATTIGNAT / Dominique Marcepoil 74 30 92 24 Repas 105/350 F

Ferme ancienne sans doute mais beaucoup plus qu'un repas paysan. Une vraie cuisine solidement campée les pieds sur terre. Œufs pochés en meurette mousse de carotte.

21 CÔTE-D'OR

GEVREY-CHAMBERTIN / La Sommellerie 80 34 31 48 Repas 100/300 F

Lors d'une promenade dans les Côtes autant pour continuer à déguster que pour manger un morceau sympathique. Œuf de caille en meurette.

38 ISÈRE

CHAMPIER / Les Donnières 74 54 42 06 Repas 160/200 F

Le *Bottin gourmand* considère cette maison comme ayant le meilleur rapport qualité-prix de France. On y est loin d'être volé en effet. Œuf de ferme en meurette.

83 VAR

SALERNES / La Fontaine 94 70 64 51 Repas 58/158 F

Une place à la Pagnol, avec les personnages qui vont avec et les « estrangers » de passage. Une joie de vivre dans les assiettes aussi. Escargots en meurette et leurs petits croûtons.

89 YONNE

SAINT-PÈRE-SOUS-VÉZELAY / Le Pré des Marguerites 86 33 33 33 Repas 98/190 F

Succursale de la célèbre Espérance toute voisine. On y vise moins haut mais en plats de charme rustique. Œufs en meurette.

OMELETTE DU CURÉ

Stupéfiante surprise d'avoir rencontré ce plat rarissime au fond de quelques régions, mais d'autres omelettes aussi, très particulières.

37 INDRE-ET-LOIRE

CHINON / Gargantua 47 93 04 71 Repas 75/190 F

Le costume d'époque du personnel souligne l'enseigne et on sait à quoi s'en tenir. Pourtant, des délicatesses en parallèle de la générosité annoncée. Omelette Gargamelle.

50 MANCHE

LE MONT-SAINT-MICHEL / La Mère Poulard 33 60 14 01 Repas 180/350 F

La maison appartient à la mythologie cuisinière de la France. Alors, en avant pour l'omelette de la Mère Poulard !

63 PUY-DE-DÔME

LEZOUX / Les Voyageurs 73 73 10 49 Repas 90/270 F

La très très vieille tradition aubergiste de ces régions toujours lointaines. Un accueil de véritable hospitalité simple et le cœur sur la main. Omelette du curé.

78 YVELINES

DAMPIERRE-EN-YVELINES / Auberge Saint-Pierre 30 52 53 53 Repas 135/350 F

Étonnant personnage que le patron, Parisien évadé aux champs dans cette auberge au rustique incertain et joyeux, à la cuisine partant dans tous les sens. Omelette de monsieur le Curé.

PÂTÉ DE CAILLES
(et variantes)

16 CHARENTE

ANGOULÊME / La Vieille Étable 45 66 31 75 Repas 80/200 F

Une bonne vieille ferme, une terrasse face à l'étang, du rustique bon pied, bon œil. Caille confite aux figues séchées.

26 DRÔME

ROMANS-SUR-ISÈRE / Le Parc 75 70 26 12 Repas 130/300 F

L'éthique provinciale du bien fait discret et du soutien au passé culinaire en restant éclairé. Salade de cailles confite au foie gras.

33 GIRONDE

SAINT-GERVAIS / Au Sarment 57 43 44 73 Repas 90/190 F

Pour les nostalgiques de l'école de Jules Ferry : une ancienne salle de classe devenue salle à manger. La mer s'offre ici une fête honorable et aussi une très inattendue caille désossée farcie de cèpes et de marrons.

36 INDRE

BUZANCAIS / Hermitage 54 84 03 90 Repas 130/280 F

L'Indre traverse le parc de cette maison de notables du début du siècle. Le confort y est une vertu cardinale et la cuisine se repose sur une longue expérience. Pâté de cailles farci au foie gras

60 OISE

REMY / Manoir Saint-Charles 44 42 45 28 Repas 155/280 F

Petit manoir très caché dans ses verdures, poétique à sa manière et très léger dans sa façon de concevoir le plaisir de la table. Cailles en nid de choucroute.

78 YVELINES

VERSAILLES / Les Trois Marches 30 84 38 00 Repas 260/550 F

Le faste d'une salle à manger royale pour un palace ouvrant sur le parc de Trianon. Gérard Vié cuisine à ces hauteurs-là. Pâté de caille.

87 HAUTE-VIENNE

MORTEMART / Le Relais 55 68 12 09 Repas 100/250 F

Beaucoup d'application et de franchise dans cette petite étape où l'on brode très gentiment sur des thèmes à peine modernisés. Filets de caille au vinaigre de framboise.

PÊCHE MELBA

Chou blanc pour la pêche Melba en province. Pourtant il est évident que, sur commande, les cuisines des palaces et des grands hôtels assumeront. Les chefs à la mode et très cotés renâcleront.

PIED DE COCHON

12 AVEYRON

SAINT-AFFRIQUE / Hôtel Moderne 65 49 20 44 Repas 70/260 F

Moderne certes oui, mais pour la table il est entendu que l'on s'en tient à de bien belles traditions du Causse. Petit pied et jarret de cochon désossés aux truffes.

23 CREUSE

SAINT-ÉTIENNE-DE-FURSAC / Hôtel Nougier 55 63 60 56 Repas 70/200 F

Toujours la surprise agréable d'un hôtel très net dans une petite ville. Et les couverts sont mis autour de l'idée locale. Croustillant de pied de cochon forestière.

63 PUY-DE-DÔME

PONT-DU-CHÂTEAU / Auberge du Pont 73 83 00 36 Repas 85/170 F

L'Allier coulant devant la porte a donné des idées de décoration très marinières. Mais la cuisine vient de la terre. Galette de pieds de porc sur lit de lentilles.

SAINT-GERVAIS-D'AUVERGNE / Castel Hôtel 73 85 70 42 Repas 155/200 F

Presque un siècle d'existence dans ce village qui tient à continuer à être village avec les plats des anciens. Pieds de porc aux haricots.

64 PYRÉNÉES-ATLANTIQUES

BIDART / Les Frères Ibarbourre 59 54 81 64 Repas 180/320 F

Une institution dans le département posée dans une maison ravissante et d'une belle personnalité en pleine verdure. Aux fourneaux on sait ce que faire fin, délicat et élégant veut dire. Le cochon s'y exprime en 6 versions différentes.

69 RHÔNE

LYON / Restaurant Brunet 78 37 44 31 Repas 98/160 F

Pour apprendre le Lyon du temps de Guignol autant que des bouchons et plus encore tenir les lyonnaiseries en bout de fourchette. Pied de porc grillé sauce tartare.

PIEDS DE MOUTON POULETTE

76 SEINE-MARITIME

ROUEN / La Couronne 35 71 40 90 Repas 150/400 F

La plus vieille auberge de France (XIVe), quasiment « dans son jus » comme disent les antiquaires. Une de ses gloires : le pied de mouton à la poulette et le canard au sang, cité ailleurs (p. 233).

PIEDS ET PAQUETS

13 BOUCHES-DU-RHÔNE

PUYLOUBIER / Les Sarments du Relais Sainte-Victoire 42 66 31 58 Repas 120/190 F

Une cuisine de femme dans une maisonnette toute accueillante pour des plats qu'on ne réserve qu'à ceux qu'on aime. Pieds et paquets de « Mamie Gabrielle ».

30 GARD

CABRIÈRES / L'Enclos des Lauriers Roses 66 75 25 42 Repas 98/180 F

La Provence dans tous ses états et comme on l'imagine en séduction. Une femme prépare tout, comme en famille. Pieds et paquets d'agneau marseillaise.

84 VAUCLUSE

APT / Auberge du Lubéron 90 74 12 50 Repas 130/220 F

Le soleil frappe aussi bien dans les cœurs que sur la terrasse et dans les marmites qui ont également l'accent. Pieds et paquets à la marseillaise.

CAVAILLON / Nicolet 90 78 01 56 Repas 170/350 F

Le Lubéron semble couver cet admirable mas très pensé pour les tout-parisiens envahisseurs de luxe. Cuisine en voltige mais aimable. Pieds et paquets sauce châteauneuf-du-pape rouge.

GORDES / Comptoir du Victuailler 90 72 01 31 Repas 100/200 F

Le comble du snobisme parisien : grignoter dans une épicerie. C'est très Saint-Trop. Pieds et paquets à la marseillaise.

PINTADE AU CHOU

35 ILLE-ET-VILAINE

SAINT-MALO / Le Saint-Placide 99 81 70 73 Repas 108/198 F

Beaucoup d'intimisme dans ce petit cocon. Les plats sont eux aussi enveloppants et rassurants. Terrine de pintade forestière et tomates séchées.

42 LOIRE

ROANNE / L'Astrée 77 72 74 22 Repas 130/280 F

Pas facile de se faire un nom à côté des fameux Troisgros, encore qu'ils soient toujours prêts à conseiller les jeunes. Celui-ci donne déjà bien du plaisir. Pintade aux oignons farcis et épinards.

53 MAYENNE

EVRON / Relais du Gué de Selle 43 90 64 05 Repas 96/208F

Entre rustique et modernité pour ce qui fut une ferme avec son étang et le reste. Très « soyons calmes à la campagne ». Pintadeau de Loué à l'angevine.

58 NIÈVRE

NEVERS / Jean-Michel Couron 86 61 19 28 Repas 100/250 F

Une chapelle du XIVe, cela doit inspirer un cuisinier en le portant à la méditation. Celui-ci en est sorti avec de bien belles conclusions. Pintade sautée et purée de pommes de terre et foie gras.

68 HAUT RHIN

STEINBRUNN-LE-BAS / Moulin du Kaegy 89 81 30 34 Repas 280/520 F

Impossible d'imaginer quelque chose de plus ancré dans la réalité de la province, avec passion et talent. Suprêmes de pintadeau aux figues fraîches et vinaigre de sureau.

84 VAUCLUSE

GORDES / Le Moulin Blanc 90 72 34 50 Repas 160/400 F

Un ancien relais de postes devenu un des plus adorables lieux pour voyageur raffiné. Beaucoup de délicatesse culinaire. Pintadeau aux olives.

POCHOUSE

33 GIRONDE

BORDEAUX / Marc Demund 56 74 72 28 Repas 250/350 F

Un jeune qui sait faire qualité de toutes les méthodes. Aussi bien dans sa peau qu'il est bien dans sa jolie maison posée dans un parc. Pochouse de coquillages et crustacés.

71 SAÔNE-ET-LOIRE

CHÂLON-SUR-SAÔNE / Le Magny 85 91 61 58 Repas 175/390 F

A quelques minutes des portes de la ville, un village toujours village et un restaurant de sincérités terriennes. Pochouse.

RULLY / Le Vendangerot 85 87 20 09 Repas 78/188 F

Un village bien au contact avec les superbes vignes qui l'entourent. L'endroit est de ceux où l'on fête les grands moments de la vie locale. Matelote de poissons de mer façon pochouse.

VERDUN-SUR-LE-DOUBS / Hostellerie Bourguignonne 85 91 51 45 Repas 100/370 F

Haut lieu de la pochouse verdunoise que cet établissement. Il en a fait un de ses titres de gloire depuis la nuit des temps culinaires locaux.

88 VOSGES

GÉRARDMER / La Paix 29 63 38 78 Repas 90/280 F

Le lac en face porte au calme et à la sérénité, aux bonnes habitudes des choses que l'on connaît bien depuis longtemps. Pochouse de noix de saint-jacques au noilly-prat.

POMMES DE TERRE SOUFFLÉES

38 ISÈRE

LES DEUX-ALPES / Les Marmottes 76 79 21 91 Repas 160/250 F

Un des beaux chalets de la station, plus chic encore dans ses manières autrichiennes. On reste français et un peu snob aux casseroles. Pommes soufflées Maxim's avec le pigeonneau.

74 HAUTE SAVOIE

YVOIRE / Le Bacouni 50 72 85 67 Repas 68/185 F

Le petit port est ravissant et le Léman toujours impressionnant. Ils sont dans l'assiette avec les poissons pêchés devant. Pommes soufflées Maxim's avec les filets de perche meunière.

POTAGE GERMINY

Privilège de quelques grands établissements de luxe, le potage Germiny n'a jamais fait de démagogie. Il reste le fait du petit nombre acceptant de le commander chez les meilleurs.

POULARDE TRUFFÉE

69 RHÔNE

LYON / La Mère Brazier 78 28 15 49 Repas 170/370 F

Voir à « quenelle » (p. 259), mais impossible de ne pas citer son autre monument : la volaille de Bresse demi-deuil.

72 SARTHE

LOUÉ / Laurent 43 88 40 03 Repas 300/600 F

L'auberge campagnarde de luxe comme on l'aime en descendant de sa BMW gros modèle. Beaucoup de bon goût luxueux néanmoins. Les élevages de Loué donnent de formidables poulets traités ici de toutes les manières et truffés aussi.

73 SAVOIE

ALBERTVILLE / Million 79 32 25 15 Repas 150/500 F

Depuis des décennies, une des plus belles réussites du département.

On y pratique la modernité en s'appuyant sur les leçons de quelques générations pour le sérieux. Poularde de Bresse farcie et truffée.

74 HAUTE SAVOIE

TALLOIRES / Auberge du Père Bise 50 60 72 01 Repas 450/700 F

Tenants d'une cuisine centenaire, toujours irréprochable et sans concessions, ces gens ne se croient pas obligés de jouer les imaginations pour étonner. Ils se contentent du meilleur. Poularde de Bresse pochée demi-deuil.

77 SEINE-ET-MARNE

BARBIZON / Le Bas Bréau 60 66 40 05 Repas 340/650 F

Auberge historiquement littéraire et diaboliquement week-end chic. On frôle une certaine perfection. Poularde de Bresse rôtie aux morilles ou aux truffes.

POULE AU POT

77 SEINE-ET-MARNE

LA FERTÉ-SOUS-JOUARRE / Auberge de Condé 60 22 00 07 Repas 200/450 F

Superbe maison de très haute qualité, grande tenue des classiques de toujours, beaucoup de cœur. Poularde de Bresse à la briarde.

78 YVELINES

HOUDAN / Le Plat d'Étain 30 59 60 28 Repas 60/250 F

La ville a laissé son nom à une race de poules mythiques. Ici on les cuit depuis le XVe siècle dans un rustique folklorique. Poule de Houdan au gâteau d'endives sauce aux noix.

89 YONNE

BLENEAU / Auberge du Point du Jour 86 74 94 38 Repas 130/380 F

La façade vaut une carte postale genre France profonde et le sérieux qui règne aux fourneaux confirme sa bonne tenue. Poularde de Bresse en coque d'argile Puisaye.

POULET MARENGO

Sans doute lit-on très peu les livres d'histoire dans les coulisses des restaurants. On y connaît la recette du poulet Marengo mais on n'en connaît pas l'appellation. D'où ces « poulets aux écrevisses » dans l'anonymat historique. Au demeurant, peu les mettent en avant dans leurs spécialités.

71 SAÔNE-ET-LOIRE

MESSEY-SUR-GROSNE /
Auberge du Moulin de la Chapelle 85 44 00 58 Repas 160/410 F

Un moulin bien sûr, au bord de l'eau plus encore. Les sauces n'y sont pas tournées en vain. Poulet aux écrevisses.

ROMENAY / Auberge de la Maillardière 85 40 31 25 Repas 79/210 F

Lieu idéal pour une halte après une promenade dans la campagne : la flambée dans la cheminée fait dans la nostalgie. Poulet de Bresse aux écrevisses.

78 YVELINES

SAINT-GERMAIN-EN-LAYE / Auberge d'Aigremont 39 65 38 18 Repas 135/330 F

Une campagne et un bord de Seine encore sauvés du béton et des gens pleins de bonne volonté. Volaille de Bresse aux crustacés et pâtes fraîches.

PURÉE DE POMMES DE TERRE

Compagne de nombreux plats populaires, la purée n'a jamais pour autant été particulièrement considérée comme un plat-culte par les cuisiniers, et moins encore comme une spécialité. Il aura fallu l'obsession médiatique

d'un Robuchon et la complicité de certains journalistes pour la mener au rang d'étoile. Peu de chefs ont suivi.

38 ISÈRE

BOURGOIN-JALLIEU / Les Séquoias 74 93 78 00 Repas 140/270 F

Pourtant le contraire d'un homme de médias que Laurent Thomas, excellent en cuisine, toujours inspiré de ses vieux maîtres, sans être jamais démodé. Pomme purée à l'huile d'olive jus à l'ail doux (pour sa morue poêlée).

QUENELLE

07 ARDÈCHE

LAMASTRE / Baratter Périer 75 06 41 50 Repas 160/395 F

S'est fait un nom depuis des siècles ici, un renom même, très mérité. Tout en sagesse. Quenelle de brochet et homard cardinal.

57 MOSELLE

METZ / Auberge de Mazagran 87 76 62 47 Repas 110/260 F

On ne doutera pas un instant que l'on est là au contact avec la Lorraine dans ses vrais fonds. Auberge bien sûr, ancienne ferme sans doute. Classique et costaud. Quenelle de brochet à la cuillère façon Tour d'argent.

58 NIÈVRE

SAINT-PIERRE-LE-MOUTIER / La Vigne 86 37 41 66 Repas 90/260 F

On croit ici à la nature et cette demeure fait tout, en s'y nichant, pour le confirmer. Plaisir courtois de l'assiette. Quenelles de brochet sauce au safran.

69 RHÔNE

LYON / La Mère Brazier 78 28 15 49 Repas 170/370 F

Lieu de mémoire à classer en tout, du décor aux marmites ainsi que ce que l'on en sort. Superbe. Quenelle au gratin.

LYON / La Tassée 78 37 02 35 Repas 130/290 F

Une initiation à la grande bouffe lyonnaise au travers du mythe « bouchon » en pompes et œuvres. Quenelle de brochet.

89 YONNE

QUARRE-LES-TOMBES / Nord et Poste 86 32 24 55 Repas 98/190 F

Une certaine élégance « ville à la campagne » qui ne manque pas de piquant dans sa modestie. Biscuit de brochet sauce crustacés.

RISOTTO

15 CANTAL

SALERS / Hostellerie de la Maronne 71 69 20 33 Repas 140/300 F

A moi Auvergne ! La maison parle du pays depuis le début du siècle et on mange en tradition joliment revue. Risotto d'orge perlé aux cèpes et au lard grillé.

20 CORSE

AJACCIO / Dolce Vita-La Mer 95 52 00 93 Repas 250/400 F

On ne fait pas beaucoup mieux en Corse. La Méditerranée traitée selon une modernité respectant tout. Risotto au foie gras.

85 VENDÉE

SAINT-GILLES-CROIX-DE-VIE / Les Embruns 51 55 11 40 Repas 85/300 F

Allez donc vous étonner de manger « poisson » lorsque les fenêtres s'offrent la mer sur grand écran vérité. Tout frais, tout vrai. Risotto d'huîtres et ris de veau.

90 TERRITOIRE DE BELFORT

BELFORT / Château Servin 84 21 41 85 Repas 100/370 F

Le palace de préfecture dans son passé en continuité. Salle à manger imposante et préparations brillantes. Risotto au vieux parmesan et grenouilles fraîches.

91 ESSONNE

VILLEMOISON-SUR-ORGE / Trianon 69 51 50 80 Repas 240/340 F

Hôtel particulier bon chic à l'usage des cadres arrivés ou sur le point d'y être. Risotto de volailles aux crêtes et rognons de coq.

LA SALADE DE POMMES DE TERRE

51 MARNE

REIMS / L'Assiette Champenoise 26 04 15 16 Repas 150/495 F

Un beau luxe bienveillant dans un château ronronnant son XIXe mâtiné des années 20. Très, très bonne cuisine. Salade de pommes de terre et de homard au coulis de truffe.

SAUCE AU BEURRE BLANC

01 AIN

PÉROUGES / Hostellerie du Vieux Pérouges 74 61 00 88 Repas 180/390 F

Un village médiéval unique conservé avec soin, une auberge qui ne date pas d'hier non plus, un pittoresque fou, poussé à l'extrême et des plats bien travaillés. Poisson du marché beurre blanc.

44 LOIRE-ATLANTIQUE

SAINTE-LUCE-SUR-LOIRE / Beauséjour 40 25 60 39 Repas 100/260 F

La séduction d'une maison charmeuse posée au bord d'une Loire encore plus séduisante : l'une et l'autre ne se sont pas rencontrées pour rien. La cuisine en rajoute dans la manière. Sandre au beurre blanc.

50 MANCHE

SAINT-PIERRE-DE-SEMILLY / Les Glycines 33 72 23 77 Repas 125/280 F

Comme il devait faire bon être notable de province dans une grande maison si confortable. En restaurant, ce n'est pas mal non plus. Chef et cuisine tout en rondeurs. Papillote du marché au beurre nantais.

49 MAINE-ET-LOIRE

GENNES / L'Aubergade 41 51 81 07 Repas 105/200 F

Tout est là sur le mode angevin. Filet de brochet beurre blanc. Plaisir de vivre un instant dans une vieille maison qui a eu bien sûr plusieurs vies.

85 VENDÉE

SAINT-VINCENT-SUR-JARD / Chalet Saint-Hubert 51 33 40 33 Repas 75/298 F

Un chalet c'est un chalet et ça ne prétend pas au luxe, seulement à la bonhomie bienveillante. Même en cuisine. Turbot poché beurre blanc.

SAUCE BÉARNAISE

03 ALLIER

MONTLUÇON / Château Saint-Jean 70 05 04 65 Repas 80/260 F

Ancienne maison de Templiers qui ont laissé assez de traces pour que la salle à manger soit installée dans une chapelle du XIIe. La cuisine ne prétend pas à la divinité mais a un bon ange. Pièce de charolais béarnaise.

11 AUDE

NARBONNE / Château de Coursan 68 33 51 94 Repas 150/250 F

Pas château mais tout de même demeure de la fin du siècle dernier, style maître de forges. Les plats sont eux aussi bâtis au carré du sérieux. Filet de loup grillé à la béarnaise de caviar.

54 MEURTHE-ET-MOSELLE

NANCY / Le Goéland 83 35 17 25 Repas 170/330 F

A considérer comme une des meilleures tables du département. Talent certain pour picorer un peu de tous les genres afin de se donner une personnalité. C'est réussi. Turbot grillé sauce béarnaise.

77 SEINE-ET-MARNE

NEMOURS / Les Roches 64 28 01 43 Repas 80/260 F

Maison puzzle en souvenance de périodes variées. Le résultat a plutôt une bonne allure sympathique. La table aussi. Langoustines à la planche flambées sauce béarnaise.

78 YVELINES

MEULAN / Auberge de la Terrasse 34 74 01 59 Repas 200/280 F

Un peu comme une promenade dominicale pour une visite que l'on rendrait à la famille. On y aurait les petits plats dans les grands. Saumon grillé béarnaise.

SAINT-GERMAIN-EN-LAYE / Le Pavillon Henri IV 39 10 15 15 Repas 240/380 F

Avec Paris en horizon total, un hôtel cossu, en partie historique, de Louis XIV qui y est né à la béarnaise qui y est née aussi.

SAUCE BÉCHAMEL

Monsieur le marquis de Bechameil reste un peu sur la touche en cuisine : sa sauce avait été tellement massacrée et trahie !

SAUCE BOLOGNAISE

D'accompagnement bien sûr, la sauce bolognaise n'apparaît que très accessoire pour les cuisiniers. En tout cas elle n'est pas considérée comme une spécialité. Sauf en Italie...

SAUCE MAYONNAISE

Tarte à la crème, si l'on ose dire, de la saga saucière française, elle fait trop partie du quotidien pour apparaître comme une vedette à part entière sur un menu.

SOLE NORMANDE

03 ALLIER

BOURBON-L'ARCHAMBAULT / Les Thermes 70 67 00 15 — Repas 97/330 F

La cure thermale relève ici d'une très très longue histoire. Elle continue, sur le mode à l'aise. La cuisine compense en richesse : filets de sole normande.

14 CALVADOS

DEAUVILLE / Le Relais du Haras 31 81 67 67 — Repas 128/300 F

Tout étant normand dans la demeure, on ne voit pas pourquoi le chef n'aurait pas joué cette carte. Il le fait avec habileté : sole à la normande.

50 MANCHE

BUAIS / Rôtisserie Normande 33 59 41 10 — Repas 55/140 F

On aimerait trouver comme cela de calmes étapes aux fourneaux de bravoure simpliste. Filets de sole normande.

61 ORNE

L'AIGLE / Le Dauphin 33 84 18 00 Repas 128/420 F

Depuis plusieurs générations en garde du patrimoine culinaire local. Beaucoup de ronds de jambe mais en sincérité. Filets de sole à la normande.

88 VOSGES

BULGNEVILLE / La Marmite Beaujolaise 29 09 16 58 Repas 90/230 F

Le beaujolais passe par là, le Sud-Ouest aussi et la Normandie à son tour. Filets de sole normande.

SOUFFLÉ

01 AIN

DIVONNE-LES-BAINS / Domaine de Divonne 50 40 34 34 Repas 180/450 F

Un meilleur ouvrier de France pour une salle à manger en haut de gamme. On en parlera beaucoup. Soufflé au miel sauvage.

09 ARIÈGE

UNAC / L'Oustal 61 64 48 44 Repas 110/230 F

Lorsque la montagne s'offre en panorama à une auberge en observation depuis très longtemps. Ambiance cocon et cuisine calme. Soufflé de morue à la sauce méridionale.

31 HAUTE GARONNE

VENERQUE / Le Duc 61 08 38 32 Repas 120/280 F

On se sent loin de tout au milieu de cette simplicité rustique mais le chef est proche des vérités premières. Soufflé de lotte en mousseline.

40 LANDES

EUGÉNIE-LES-BAINS /
Les Prés d'Eugénie Michel Guérard 58 05 06 07 Repas 390/700 F

Une toujours belle aventure que de manger chez Guérard : on lui pardonne même d'infimes erreurs. Soufflé léger à la poire et au citron vert.

77 SEINE-ET-MARNE

PROVINS / Aux Vieux Remparts 64 08 94 00 Repas 230/460 F

L'institution plus que centenaire de la cité médiévale s'offre la fantaisie d'un intérieur contemporain, sauf dans la salle à manger très passé composé. Soufflé de tourteaux aux morilles.

83 VAR

VILLECROZE / Le Colombier 90 70 63 23 Repas 110/240 F

Bel échantillonnage de styles en décoration et pas mal non plus sur la carte. Soufflé flambé au Grand Marnier.

TARTE TATIN
(et variantes)

Il est étonnant de voir combien la tarte Tatin a excité les cuisiniers iconoclastes. Il n'en demeure pas moins que d'autres créations autour d'elle ne manquent pas d'un certain intérêt.

34 HÉRAULT

BÉDARIEUX / Auberge de l'Abbaye 67 95 34 84 Repas 98/210 F

Voûtes comme pour un réfectoire d'abbaye mais table loin de la rigueur monastique avec des plats parlant de la région. Dérive réussie d'une Tatin bourgeoise du verger au foie gras et jus de truffes.

39 JURA

PARCEY / Les Jardins Fleuris 84 71 04 84 Repas 70/220 F

Allégresse d'un décor en action florale et curieuse approche d'une tarte Tatin « de ris d'agneau aux morilles ».

59 NORD

BAUVIN / Les Salons du Manoir 20 85 64 77 Repas 160/450 F

Furieuse collection de bouteilles de Petrus et de statuettes culinaires dans un décor luxueux très inattendu au sein de ce village pour le moins modeste. Exercice de style d'une tarte Tatin « de tourteau et son coulis de crevettes ».

74 HAUTE SAVOIE

ANNEMASSE / La Ferme de l'Hôpital 50 43 61 43 Repas 185/300 F

Un vignoble plus un golf autour, c'est un bel environnement. La salle suit dans le style confortable sûr de lui. Enfin, une vraie tarte Tatin...

ÉVIAN-LES-BAINS / La Toque Royale 50 75 03 78 Repas 190/550 F

Une grande table dans le Casino avec une grande vue sur un grand lac. Et une... grande tarte Tatin.

TÊTE DE VEAU

14 CALVADOS

LE BREUIL-EN-AUGE / Le Dauphin 31 65 08 11 Repas 170/350 F

C'est qu'il y aurait du Maupassant dans cette auberge sereinement campagnarde. Un régional fanatique passé par Paris et revenu aux sources. Crépinette de tête et langue de veau avec pommes de terre écrasées.

18 CHER

BOURGES / Abbaye de Saint-Ambroix 48 70 70 00 Repas 150/300 F

Une ancienne abbaye pour l'ensemble, une chapelle du XVIᵉ pour le détail et une cuisine arrivée à notre présent. Beaucoup de grâce. Tête de veau braisée à la moelle.

41 LOIR-ET-CHER

BLOIS / Au Bouchon Lyonnais 54 74 12 87 Repas 140/250 F

Œcuménisme bistrotier en pays de Loire avec cette référence lyonnaise et parisienne à la fois. Tête de veau et sa langue sauce ravigote.

53 MAYENNE

EVRON / Restaurant des Coevrons 43 01 62 16 Repas 70/200 F

Une modernité curieuse formée à l'ancienne et exploitée en toute modestie. « Fameuse » tête de veau à l'ancienne.

70 HAUTE SAÔNE

LURE / Fontaine des Arts 84 62 70 64 Repas 55/180 F

Un jeune couple éperdu de passion pour sa vieille ferme, en état de cuisine du cœur. Tête de veau ravigote.

74 HAUTE SAVOIE

BONNEVILLE / Sapeur Hôtel 50 97 20 68 Repas 180/280 F

Clientélisme local en connaissance de cause pour ce cossu du dimanche. Beaucoup de finesse et d'originalité. Croustillant de tête et ris de veau poêlé au lait de chèvre.

93 SEINE SAINT-DENIS

AULNAY-SOUS-BOIS / À l'Escargot 46 66 88 88 Repas 180/300 F

Une maison d'habitués qui ont les moyens de se faire plaisir selon leur esthétique gastronomique rassurante et rassurée. Tête de veau, langue et cervelle à la gribiche.

TOURNEDOS ROSSINI

02 AISNE

MONAMPTEUIL / Auberge du Lac 23 21 68 37 Repas 70/200 F

Vue sur un lac, on n'y échappe pas. Brave cuisine qui ne manque pas de manger gentiment à tous les râteliers. Petits filets de charolais Rossini.

19 CORRÈZE

LUBERSAC / Auberge de la Pommeraie 55 98 70 70 Repas 200/300 F

Qui devinerait une ancienne grange sous cette jolie décoration ? La nature autour incite à profiter aussi des rares chambres après un repas de bonne convenance. Tournedos Rossini.

24 DORDOGNE

BERGERAC / Le Cyrano 53 57 02 76 Repas 90/230 F

Comme un conservatoire cossu des habitudes locales, avec un sens absolu de ce qui s'est toujours fait. Version locale du Rossini : le pavé de bœuf périgourdin, dés de foie gras, brisures de truffes.

38 ISÈRE

VOIRON / La Petite Bouffe 76 06 00 84 Repas 90/160 F

La grande surprise d'un décor baroque dans un village à croquer accroché à la montagne. Plats du dimanche. Tournedos Rossini.

59 NORD

BOLLEZEELE / Hostellerie Saint-Louis 28 68 81 83 Repas 140/320 F

Une maison d'« anciens » passée à l'hôtellerie confortable avec des tas de souvenirs dans ses murs. Cuisine établie. Tournedos Rossini.

76 SEINE-MARITIME

VILLEQUIER / Le Grand Sapin 35 56 78 73 Repas 65/200 F

A moi le souvenir de Victor Hugo ! Le lieu par ailleurs se réclame totalement de la Normandie, bord de Seine compris. Tournedos Rossini.

TRIPES À LA MODE DE CAEN

06 ALPES-MARITIMES

NICE / Lou Pistou 93 62 21 82 — Repas 150/200 F

Impossible de faire plus niçois de base, simple et familier. Tripes niçoises.

14 CALVADOS

CLÉCY / Auberge du Chalet de Cantepie 31 69 71 10 — Repas 97/230 F

En plein folklore normand, du décor au costume de tradition du personnel. Rien de bidon pourtant. Petit poêlon de tripes flambé au calvados.

LIVAROT / Le Vivier 31 63 50 29 — Repas 78/230 F

Du comme chez soi que l'on ne trouve que chez les autres. Au plus famille. Tripes à la mode de Caen.

40 LANDES

EUGÉNIE-LES-BAINS / La Ferme aux Grives 58 51 19 08 — Repas 165 F

Une succursale au plus charmeur selon le grand Michel Guérard, voisin célèbre et propriétaire aussi du lieu. Toupines de tripes mitonnées à l'armagnac au jambon cru.

68 HAUT RHIN

ILLHAEUSERN / Auberge de l'Ill 89 71 83 23 — Repas 480/750 F

Une des plus grandes maisons de France, la plus généreuse de surcroît. Salade de tripes panées au foie d'oie et aux fèves.

VOL-AU-VENT

37 INDRE-ET-LOIRE

CHÂTEAU-RENAULT / Écu de France 47 29 50 72 Repas 85/250 F

Plus régional tu meurs : maison tourangelle du XIVe, décor en situation, campagne je t'aime. Vol-au-vent de saint-jacques.

51 MARNE

ÉPERNAY / Au Petit Comptoir 26 51 53 53 Repas 200/250 F

La manière 1900 vue par une région qui sait vivre. On renie la version dessert pour faire salé. Vol-au-vent de crevettes et, à la clef, des champagnes vraiment pas chers.

54 MEURTHE-ET-MOSELLE

NANCY / Le Foy 83 32 21 44 Repas 120/300 F

Allez donc résister à la vue sur la célèbre place Stanislas. Vol-au-vent bourgeois, qui débouche sur bien des variantes.

66 PYRÉNÉES-ORIENTALES

PERPIGNAN / Les Casseroles en Folie 68 52 48 03 Repas 80/250 F

Lieu d'initiés tenu par un natif du cru qui ne jure que par le pays. Vol-au-vent de brandade à la pointe d'ail qui signe et persiste.

82 TARN-ET-GARONNE

MONTAUBAN (À BRIAL) / Depeyre 63 23 05 06 Repas 135/400 F

Campagne et nature comme raison d'être et patron de caractère en version originale. Vol-au-vent de « langoustines et son coulis et persil simple ».

Il ne s'agit là que d'une sélection de qualité et de caractère à partir des « plats qui ont fait la France » dans les régions. Pour aller plus loin dans d'autres curiosités culinaires il faut considérer le *Bottin Gourmand* (éditions Bottin, 1995) comme une référence. Concernant la France profonde, il est d'une confiance tout à fait remarquable.

TABLE ALPHABÉTIQUE PAR PLAT

Q

R

S

T

V

TABLE DES PLATS QUI ONT FAIT LA FRANCE À PARIS

TABLE DES PLATS QUI ONT FAIT LA FRANCE EN RÉGION

INDEX

Ce volume a été composé
par Nord-Compo
et achevé d'imprimer sur presse Cameron
dans les ateliers de B.C.I.
à Saint-Amand-Montrond (Cher)

N° d'Édition : 216. N° d'Impression : 1/1051.
Dépôt légal : mai 1995.
ISBN 2-260-01328-7